先生ができる

気になる子どもとの関わり方

33のケースから考える
支援のヒント

著 角南なおみ

学苑社

はじめに

　本書は、学級の中で子どもと関係を作りながら先生ができる発達支援について具体的にわかりやすくまとめました。事例は、周囲の視点とともに、子どもの特性と気持ちを理解したうえで、先生方が実施して効果の見られた対応を集めました。

　教師が望む報酬として、多くの教師が収入や安定ではなく心理的報酬を選び、回答の上位には「子どもとの関わり」が挙げられています。そのため、本書ではスキル説明に加え、「子どもを理解した関わり」に重点を置いています。問題解決は事後対処になりますが、子どもとの関係形成は「予防的関わり」になり、子どもの学校適応感を高めるだけでなく、先生方の心の負担の軽減にもつながるでしょう。

　本書の特徴を以下にご紹介します。

ポイント 1：学級の子ども、保護者、担任の先生の各立場から状況を説明 　→それぞれの立場からの見方を踏まえることで状況を総合的に検討できる。 **ポイント 2**：気になる子どもの特性、考え方や気持ちを解説 　→なぜ悪循環が維持されているのか、子どもの立場からそのメカニズムを把握できる。 **ポイント 3**：個別の関わり、スキル、学級での関わりの視点から支援のヒントを提示 　→関係を築きながら子どもと学級を育てる方法を具体的に参照できる。

　子ども理解と特性理解に基づいた関わりを行うことにより、学級の中で子どもの居場所感と自己肯定感が少しずつ育まれていくと思います。

　また、低学年、中学年、高学年に見られることが多い事例を段階的に配置し、子どもの発達とともに、関わりの変化についても理解できるように設定しました。

　本書を読み終える頃には、気になる子どもの見方が少しだけ変わってきていることに気づかれることでしょう。そのことが、本書における最も大きな目的の 1 つです。なぜなら、先生のお気持ちがわずかでも軽くなることが何より大切だと感じているからです。同時に、子どもにとって先生との関わりは、その後の人生が変わる契機にもなり得るとても重要な経験だと考えています。

2025 年 2 月　角南なおみ

本書の効果的な使い方

　本書は、発達段階に応じた特徴的な事例を各3ページでまとめています。具体的には、以下のような内容構成です。

・事例 　・それぞれの立場 　　・学級の子どもたち 　　・保護者 　　・担任の先生 　・子どもの立場 　　・頭の中（思考理解） 　　・気持ち（心情理解）

・考えられる特性（特性理解） ・よく見られる対応 　・担任の先生 　・子どもの反応 ・支援のヒントに向けた3つの視点 　・個別の関わり 　・スキル 　・学級での関わり

　本書の使い方として、最初に事例を読みご自身で検討後、学級の子どもたち、保護者、担任の先生それぞれの立場で事例について考えていただきます。次に、気になる子どもの立場に立ち、頭の中（思考理解）とともにそのような状況での気持ち（心情理解）に思いを巡らせていただければ幸いです。続けて、背景にある特性傾向（特性理解）を踏まえた多様な見方を通して、子ども理解を深めていきます。

　その後、よく見られる担任の先生の対応と子どもの反応を読み、それではどのような支援が考えられるのかを検討してみてください、あまり思い浮かばなくても大丈夫です。次の3つの視点を支援のヒントにしていただければと思います。

　・個別の関わり：子どもを理解しながら関係を形成するやり取りの具体例
　・スキル：専門的知識に基づいた実際に教育現場で使用し効果のあった方法例
　・学級での関わり：学級を育てながら子どもたちの居場所を作る関わり例

　本書は小学校の子どもによく見られる事例を提示していますが、実際に中学・高校で使用した内容も複数あり、子どもの状況に応じて発展的に応用できます。時間がない場合、どのページのどの項目から読んでも、気になる子どもの理解とともに学級における関わりについて、事例を通して専門的に学ぶことができます。

本書を手に取ってくださった先生方へ

　特性の見られる子どもに対する指導として、これをしたら長期的にも即改善するという方法はありません、だからこそその特性だと思います。この特性領域が、本人にとっては"なかなかできないこと"であり、周囲からすると"問題行動"に感じられます。

子どものことで悩むこと

　特性があったり、背景にいくつか障壁がある場合には、指導してもすぐに変化は現れません。そのようなとき、ほかの学級の前を通ったり、話を聞くと、様々な思いが湧くこともあるでしょう。状況や関係は相互作用のため、先生だけに課題があるということはありません。では、どのように捉えたらよいのでしょうか。

　子どものことで"悩む"ことは、その根底に"もう少し何とかできたら""自分に何かできることはないか"など、子どもにすべての原因があり諦めるのではなく、ご自身ができることを模索し、あるいは子どもにとってのよりよい状況を目指しているからこそ、生じると思われます。私が関わった先生方は1人の例外なくそうでした。そのため、"悩む"ことは、子どものことを考えているからこその状態であるとも言えます。そう捉えると、子どものことで"悩む"こと自体、子どもとともに歩むという素晴らしい教師の資質であると思います。

自分を大切にすること

　先日、先生方の研修会で、顕著な発達障害をもつ対応が難しい子どものお話がでました。その先生はかなり苦労をされていたようですが、子どもを自身の幼いきょうだいのように捉え、"こういう子、いるよね"という感じで見方を変えたそうです。そうすると、自分も楽になり、子どもとの関係が良くなったと話してくださいました。

　ここで注目したいのは、"自分が楽になる"ことと、"子どもとの関係が良くなる"ことが並行していることです。多くの先生方が"子ども"のことをよく考えておられると思いますが、同じくらい"ご自身"のことも学級の"主役"の1人であり、"大切な存在"であると理解することも重要だと感じています。先生がいてこその学校です。まずは、少し立ち止まって、ご自身のこれまでの経験や、今の小さく見える努力を認めていただけるとうれしいです。先生方は子どもたちにとってかけがえのない存在です。このような理解は、子どもたちへの大きな癒やしにもなるでしょう。

目　次

はじめに ……………………………………………………………………………………………… 2

本書の効果的な使い方 …………………………………………………………………………… 3

本書を手に取ってくださった先生方へ ……………………………………………………… 4

第 1 章　低学年

1　すぐに大声で話し出すユウタさん …………………………………………………… 8

2　授業に遅れるシュウさん ………………………………………………………………… 11

3　学期の途中からパニックが増えたミキさん ………………………………………… 14

4　思ったことを口にしてトラブルになるヒマリさん ………………………………… 17

5　間違った箇所をチェックされると怒り出すナギさん …………………………… 20

6　授業に戻ってこないイオリさん ……………………………………………………… 23

7　文字を読むことが苦手なソウマさん ………………………………………………… 26

8　授業中に離席・離教室を繰り返すアキラさん …………………………………… 29

9　登校後に朝の準備ができないアオバさん ………………………………………… 32

10　友だちの机を全部倒したナミトさん ………………………………………………… 35

11　お母さんと離れられないメイさん …………………………………………………… 38

コラム 1　問題行動を減らすための応用行動分析
　　　　　（Applied Behavior Analysis: ABA） ………………………………… 41

第 2 章　中学年

12　テストを破ってしまうダイチさん …………………………………………………… 44

13　友だちの輪に入れないルキアさん …………………………………………………… 47

14　人目が気になり学校に行きたくないカイさん …………………………………… 50

15　質問を繰り返すユアさん ……………………………………………………………… 53

16　愛着形成に課題があり同級生とうまくいかないミオさん …………………… 56

17 困っていることを伝えられないヒカリさん ……………………………… 59

18 隣の席の子どもの文房具を勝手に使うコトネさん ……………………… 62

19 学校で話せないアオイさん ………………………………………………… 65

20 パニックになるシンさん …………………………………………………… 68

21 勝負にこだわりすぎるモエさん …………………………………………… 71

22 ひといちばい敏感なカヨさん ……………………………………………… 74

コラム 2　ASD 児のための構造化（TEACCH） ………………………… 77

第 **3** 章　高学年

23 人のことは批判するのに自分はできていないヒロさん ………………… 80

24 体育を嫌がるツムギさん …………………………………………………… 83

25 遅刻が多いリツさん ………………………………………………………… 86

26 行事前に落ち着かなくなるスバルさん …………………………………… 89

27 苦手な活動に取り組まないリクさん ……………………………………… 92

28 爪噛みを続けるサナさん …………………………………………………… 95

29 学校で頭が痛くなるスズネさん …………………………………………… 98

30 自習時間に急に教室を飛び出したアンさん …………………………… 101

31 相手が嫌がっていることがわからないアサヒさん …………………… 104

32 漢字が覚えられないサトミさん ………………………………………… 107

33 家ではいい子なのに学校では暴力的なヒナタさん …………………… 110

コラム 3　二次障害 ……………………………………………………… 113

コラム 4　ASD 児の常同行動とこだわり ……………………………… 114

おわりに …………………………………………………………………………… 115

第1章

低学年

1 すぐに大声で話し出すユウタさん

ユウタさんは、授業中に先生が話しているときにも友だちに向かって大声で話かけてしまいます。先生が静かにするよう注意してもなかなか止まりません。何度か注意をされると怒って「うるせえ！」などと言うことが度々あります。先生は、授業を進める必要があるため、注意を繰り返すことが続いています。

🌱 それぞれの立場

・学級の子どもたち

　どうして何度も先生に注意されているのに、いつも同じことを繰り返すんだろう。みんなはちゃんと勉強しているのに、先生が注意するのを毎回聞くのは嫌だな……。

・保護者

　家ではいい子なんですよ。私の言うことは聞かないことも多いですが、お父さんの言うことはよく聞いて、機嫌がいいときはお手伝いもしてくれます。家と学校とのギャップが大きく、どうして学校だとそんなふうになってしまうのかわかりません……。

・担任の先生

　話したくなるのはわかるのですが、授業中大きな声で話すとほかの子どもたちが授業に集中できなくなり、授業の妨げになってしまいます。それにつられて反応する子どもも出てきて騒がしくなります。そのため、注意せざるを得ない状況です。

🍃 子どもの立場

・頭の中（思考理解）

　怒られて少ししてから、「しまった」って思うけど、そのときは声や行動に出てしまっていて、自分でもどうしていいかわからない。

・気持ち（心情理解）

　自分がよくないことはわかっているけど先生がうるさいと思う。同じことを言ってきて腹が立ってくる。困らせたいわけではないけど言うことを聞きたいとも思わない。

第1章　低学年

 考えられる特性（特性理解）

　年齢が低いときに目立つのが、**衝動性**や**多動性**を伴う行動です。感覚としては、注意や意識のアンテナの範囲が広く、ほかの人が気づかないことにも目が行き、その対象に意識を奪われます。そうなると周りが見えなくなり、その興味をもった対象に近づいてよく見ようと身体が自然と動きます。また、頭に浮かんだことが頭の中にとどまらず、ほぼ同時にそのまま大きな声となって出てしまいます。

　このときに気をつける必要があるのは、「この子はわかっていないから、何度も同じことをする」「わかれば、次からしないはずだ」という周囲の大人の思い込みです。この考えは、特性の見られない子どもと同じ対応になります。知的な遅れがない分、「このくらいのことはわかるはずなのに、なぜやらないんだろう」という思いが湧くと思いますが、特性を踏まえると以下のような捉え方になります。

　「話の内容はわかるけど、行動に移すことが難しいのがこの子の特性だ」という把握から子どもの特性理解につながると考えられます。

 よく見られる対応

・担任の先生

　子どもが少しずつ気をつけてできるようになってほしいという思いから、何度も繰り返してよくない行動を指導しています。しかし、指導を繰り返しても改善はなく、むしろ反抗的な態度が見られ始め、悪循環になっていると感じています。

・子どもの反応

　大人はいつも口うるさく注意ばかりしてくる。いくら言われても結局できないけど、反抗すると説教が長くなるから、とりあえず謝っておく。

──────── **支援のヒントに向けた3つの視点** ────────

1）個別の関わり

　「どうしてもできない」ことでストレスを溜めている子どもに、同じ指導を繰り返しても悪循環になる可能性が高くなります。その子の好きなもの、興味をもっていることはなんでしょう。そのような話をしてみるのも1つです。子どもは教師との関係性を基盤に、信頼関係を形成し、そのうえで「先生の言うことをちょっとだけ聞いてみよう」と思えることが多いからです。放課後であれば、「すぐに大きな声で話してしまうこと、自分ではどう思ってる？」「先生に注意されたときはどんな気持ち？」「どうなりたいのかな？」とまずは子どもの気持ちを聞いてみるところから始めることもお勧めです。

2) スキル

多動性や衝動性の見られる子どもは、集中して話を聞くということが難しい場合が多いです。注意がすぐに別の関心に逸れてしまうからです。そのため、短い言葉で次に取りかかる行動を具体的に伝えることも大切です。

・「今、何の時間ですか？」（子どもに考えさせる）
➡「今、座ります」（することを直接伝える）
・「教科書35ページの問題5をノートにしてください」（複数の指示）
➡「教科書、ノート、筆箱（鉛筆と消しゴム）を机の上に出してください」（それ以外は引き出しにしまう）
「教科書35ページを開きます」
（隣同士で確認なども）
「問題5に丸を付けてください」
「これからこの問題5うち1問ノートに書きます」（ノートを取る時間を設定）
「書けたら、計算してください」
「できた人は黒板のこの問題を解いてください」（できた後のことも指示する）

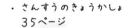

・さんすうのきょうかしょ 35ページ
・もんだい5に○をつける
・もんだい5のうち 1もん のーとに かく
・かけたら、けいさんする
・できたひとは、こくばんの もんだいをとく

最初は確認しながら進めるので時間がかかりますが、一連の流れが定着するまで、図や箇条書きにした用紙を作り、黒板に貼っておくのもよいでしょう。今何をするのかわからずに、遊んでしまう子どもも意外と多くいます。

インクルーシブ教育として授業の流れを**構造化**（77ページ参照）し、同じルーティンを繰り返すことで、少しずつ定着することを目指します。

3) 学級での関わり

ほかの子どもたちは、すでにできているのに、気になる子どもだけができていないことも多々あります。席を前の方にするなどして、さりげなく声かけをすることから始めてみることから試してもよいかもしれません。同時に、できている子どもを認めることも学級での大切な関わりになります。

2 授業に遅れるシュウさん

シュウさんは、身体を動かすことが大好きで天気のよい日は昼休憩に外でサッカーや鬼ごっこなどをして遊ぶことが多いです。トラブルも時々ありますが、それでも友だちと一緒に楽しく遊んでいます。ただ、昼休憩が終わっても教室になかなか戻ることができず、毎回のように授業に遅れてしまいます。

🌱 それぞれの立場

・学級の子どもたち

　毎回のように遅れて戻ってきて、その度にみんなで待たないといけないし、その後「遅れてごめんなさい」とみんなの前で言ってるけど、またやっているから本当に悪いとは思ってないと思う。私たちもがまんして途中でやめて席に着いてるのに……。

・保護者

　最近は家でもゲームに熱中していると、ご飯や宿題、寝る用意などの切り替えがなかなかできません。何度も注意するとキレたりするので、家でもとても困っています。毎回言っても難しく、どうすれば生活習慣が身に付くのでしょうか……。

・担任の先生

　外で元気に遊ぶのはとてもよいことだと思います。ただ、授業が始まっても戻って来られず、かといって授業を進めると勉強が遅れてしまうので悩んでいます。

🍃 子どもの立場

・頭の中（思考理解）

　なぜか自分がしたいことをしているときには、周りの声が聞こえない……。自分も不思議なんだけど……。後で後悔するけど、そのとき自分ではどうにもできない……。

・気持ち（心情理解）

　耳の検査でも聞こえはいいのに、どうしてかな……。結果的に先生や友だちを怒らせてしまって後で悲しくなる。やらないといけないことはわかってるけど……。

考えられる特性（特性理解）

　不注意が顕著な場合、このような状況が見られます。具体的には、自分の興味・関心に意識が広く向き、今集中しているものから、それ以外のことや指示に従って別のことにすぐに意識を向けることが難しい状態です。そのため、聞いていない、あるいは聞こえていないかのような印象を与えてしまいます。**実行機能障害**ともいわれ、物事を実行するときには、これからすることを理解し、それを記憶としてとどめ、順番通りに記憶をたどり、その間は自分のしたいことがあっても我慢して、順序立てて実行していくことが難しい状態です。

　シュウさんのような子どもの場合、最初の理解をするための話をそもそも聞いていないことも多くあります。その後、集中していることからするべきことに意識を移し、気を逸らせず自分のするべき内容に注意を向け続けることにも困難が生じています。そうなると、チャイムが鳴ってもすぐに注意を向け替えて、教室に戻ることはかなり大変なことになります。

 よく見られる対応

・担任の先生

　何度注意しても繰り返すことはわかっているのですが、何も言わずに待ってそれをよしとするのも、時間を守っているほかの子どもたちに示しがつかないので注意を繰り返しています。遅れたときには子どもたちの前で謝るように指導していますが……。

・子どもの反応

　自分が遅れてみんなを待たせていることがよくないことだとはわかってる。だから、別に待ってもらわなくてもいいから、先に授業を始めてくれた方がみんなの前で謝るよりいい。でも、そんなこと先生には言えない……。

――――――――― **支援のヒントに向けた3つの視点** ―――――――――

1）個別の関わり

　このように通常の指導を行っても改善が見られない場合、不注意の特性による傾向が影響している可能性があります。そのときには、最初に通常の指導、次に個別対応、それでも繰り返す場合は特性を見据えた対応を考えることも必要です。たとえば、「遅れてきたことはわかってるよね、後で話をしましょう」と伝え、実際に授業後や放課後に個別に話をするという関わりです。そのときに、たとえば、「子どもから理由を聞く（言い訳に聞こえても最後まで聴く）」「その後、どうしたらよいかを子どもが考えて自分で言葉にする」というような関わりです。

先生はこれまでと違い指導ではなく、子どもが自分で考えたことを支援する立場になります。留意点として、自分で考えて一度言葉にしたからといってすぐ改善できないのが特性です。ただし、これを繰り返すことによって（自分で考え、自分の言葉を自分で聞くことによって）、遅れる回数が減ってきたり、戻って来る時間が少し早くなってきたら、あとで承認（**肯定的フィードバック**）の声かけをすることで、次への動機づけにつながります。

2）スキル

これまでと少し違った視点で、優先順位を考えてみます。学習をある程度待つ必要はありますが、全員を待たせたままにしていることが続くとほかの子どもの不満が溜まっていきます。そのため、全体の学習を優先順位の1番にすることも考えられます。

- 本人や保護者と話し合う（少し遅れたときには新しい勉強ではなく前回の振り返りや簡単な確認をしてほかの子どもたちと待っていることなど）
- 新たな授業内容ではなく、国語なら「音読」、図工であれば「前回の用意の続き」、算数なら前回の復習の簡単な計算などから始める。
- 遅れてきたことに関しては、「後で話をすること」を伝える。
- 戻ってきたときはできるだけ早く学習の準備に取りかかる。

このとき、言語説明をできるだけ少なくします。（遅れてくることで注目を集めることも問題行動を維持する要因となり得ます。そのため、小さなメモに手順を簡単に書き、指で指すなど（**構造化**（77ページ参照））をしてみましょう。

3）学級での関わり

問題行動が見られる（この場合は遅れて戻って来る）子どもにする指導を繰り返すことにより、周りの子どもの不満も蓄積していきます。具体的には、自分たちはがんばっているのに先生の注意を聞かなくてはいけない、先生はその子ばかりに関わっているなどです。そうならないために、学級の子どもたちにもより注意を払い、声をかけることも大切です。

3 学期の途中からパニックが増えたミキさん

1学期の7月くらいから、低学年のミキさんはイライラすることが増え、その後数回ほど教室で大泣きし泣き止まなくなり、授業が中断することが重なりました。その泣き声があまりに大きく、同じ階の先生や子どもが見に来るほどでした。もうどうにもならないというパニックのような状況で、何が原因かわかりません。

🌱 それぞれの立場

・学級の子どもたち

　勉強の途中に、ミキさんが急に泣き出して本当にびっくりした！　何かあったわけじゃないと思う。静かな教室で急に泣き出したっていう感じ。もし嫌なことがあったら、泣く前にちゃんと言った方がいい。本当にすごい声で、途中から耳が痛くなってきた。

・保護者

　先生から聞いて驚きました。家では何か変わったことがあったり、体調が悪くなったりということはないです……。1時間以上も泣き続けるのは今までにないですし、先生や周りの友だちにも迷惑をかけると思うので、原因を探して早く解決したいです。

・担任の先生

　1学期の途中まではこのようなことはなく、勉強もよくできておとなしい感じの子ですので、何が原因かわからず困っています。ほかのクラスの先生が見に来るほどの泣声です。保健室に行こうと言っても、すごく嫌がって抵抗するので、先日は廊下で1時間以上泣いていました。あまりの声の大きさに授業を進めることができず、ほかの子どもたちもその声を聞き続けて疲れています。

🍃 子どもの立場

・頭の中（思考理解）

　なんだかイヤな気持ちになってきて、それでも勉強中だから我慢しなきゃと思ってしてるんだけど、我慢がいっぱいになると「わーん」って泣いてしまう……。

・気持ち（心情理解）

　病気じゃないから保健室に行くのもおかしいし、どうしたらいいかわからない……。

第1章　低学年

 考えられる特性（特性理解）

　大きなトラブルや変化があったわけでないということなので、7月という時期にも関係している可能性があります。具体的には、気候の変化です。**感覚過敏**と言われることもありますが、これにはいろいろな内容が含まれます。たとえば、服のタグが気になって仕方がない、上靴を履きたくない、襟の詰まった服を着たくない、音や光が気になるなどです。これらは本人にしかわからない感覚です。ただ、感覚なので言葉にしにくく、何がイヤなのか本人自身もわかっていないことが多いようです。そのため、ミキさんも我慢を続けますが、どうしても我慢できなくなると溜め込んでいたものが爆発するかのように大声で泣き叫んでしまうという行動が生じると考えられます。

　爆発したときには、すでにパニック状態になっているので、新たな行動や方法を試すのは難しいといえます。この場合、問題が起こった後ではなく、起こる前に着目した応用行動分析による対応も考えてみる必要がありそうです。

 よく見られる対応

・担任の先生
　「嫌なことがあったら先生に話してね。今言えないんだったら、また、先生に教えてね。保健室に行ったりもできるから」と伝えていますが……。
・子どもの反応
　何が嫌かわからないけど、先生に何か言われたときには「はい」って言ってる。

―――― **支援のヒントに向けた3つの視点** ――――

1）個別の関わり
　　原因の1つに感覚過敏があるとしたら、事後対応は難しいので、事前対応としての先生の声かけや取り決めもあるとよいかもしれません。
　・「最近暑くなってきて、イヤだな……って感じることはある？」
　・「お勉強のこととかお友だちのこととかで困ってることはない？」
　子どもの意見に加え、身体の感覚を聞いてみることもよいでしょう。
　・「我慢してると、胸がもやもやする感じ？」
　・「わーんってなる前は頭がいっぱいになってきてぐちゃぐちゃする感じ？」
　その後、我慢している、我慢しなければならないと思っているミキさんの気持ちを一緒に共有してみることも安心感につながります。
　・「お勉強中は、教室にいないといけないと思ってがんばっているのかな」
　場合によっては、保健室の利用の仕方を一緒に考えてもよいでしょう。

・「保健室は病気じゃなくても、少し辛いときに行っていい場所なんだよ」
・「苦しい中、よくがんばっていたね」

子どもの気持ちを共有し、保健室の利用の仕方が少し理解できたら、次のような関わりも考えられます。

・本人・保護者・担任・保健室の先生と相談し、家から凍らせた保冷剤を持ってきて、保健室の冷凍庫に保管してもらう。
・辛さの程度により保健室に保冷剤をもらいに行く、冷たい飲み物を飲ませてもらう、保健室で休むなど。

2) スキル

身体から少しずつ生じてくるイライラは言葉にすることが難しく、自分でも気づきにくいものです。これを自分も他者にもわかりやすく示す「イライラの温度計」を使ってみましょう。

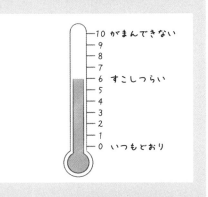

①温度計の絵（**イライラの温度計**）を描いて、一番大変な状況を10とする（ミキさんの場合であれば、「わーん！」と泣き出したとき）。
②落ち着いている状態のときを0とする。
③どのくらいになると辛くなってくるか数字で確認する。
④その基準（たとえば6）を超えたら、どうしたらよいかを一緒に話し合う（保健室に行って預けておいた保冷剤をもらう、廊下でお茶を飲むなど）

もう1つ用意しておくと安心できるものに、「**合図カード**」があります。
・小さなカードに簡単なマーク（挙手やお花の絵など）を用意する。
・教室を出たいとき、このカードを先生に見せて静かに移動する。
・席は後ろの方がよいかどうかも検討しておく。

最初は子どもの表情やタイミングを見て「イライラの温度計」を見せて数字の場所を指で指すように伝え、状態を確認することも有効だと思います。

3) 学級での関わり

ミキさん本人がとても辛い状況ですが、周囲の子どもたちも非常に辛い状況です。ミキさんの状況理解とともに子どもたちのがんばりに感謝を伝えられるといいですね。

4 思ったことを口にしてトラブルになるヒマリさん

ヒマリさんは自分の思ったことをハッキリと言うタイプで、前髪が短くなりすぎて気にしている友だちに向かって、「なんでそんなに短くしたの？ 変なの」と言って泣かせてしまいました。泣いている友だちを見て、気まずそうにしていましたが、周りの友だちに責められると「だって、本当のことだもん！」と言って走ってその場を去ってしまいました。

🌱 それぞれの立場

・**学級の子どもたち**

　ヒマリさんはハキハキしてて、自分の意見をどんどん言う感じ。自分の言ったことを変えないから、学級会のときとか困るときがある。

・**保護者**

　思ったことをすぐ口に出すので、わかりやすいのですが、相手によっては嫌な気持ちになると思います。家では「友だちのイヤがることを言ったらいけない」と何度も言い聞かせていますが、そのあたりを教えるのが難しいです。

・**担任の先生**

　友だちがヒマリさんの言った言葉で傷ついて泣いていても、最初は「本当のことだ」と言い張っていました。前回トラブルになったときも、「ごめんなさい、今度から友だちにやさしくします」と言っていたのですが。話をしているときのヒマリさんの表情を見ていると、本当にわかったような気がしません。

🍃 子どもの立場

・**頭の中（思考理解）**

　なんで本当のことを言っているだけなのに、そんなに先生や周りの人に注意されないといけないの？ それくらいのことで泣く方がおかしい。

・**気持ち（心情理解）**

　私だってしょっちゅう友だちに嫌なことを言われて我慢しているのに……。それならもっと友だちのことも注意してほしい。私ばかり注意されてて嫌な気持ちになる。

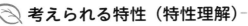 **考えられる特性（特性理解）**

　相手の立場に立って考えることに苦手さがあるようです。また、思ったことをすぐ口にしてしまう**衝動性**も感じられます。このような子どもは、「本当か本当でないか」ということが重要で、そこに**こだわり**をもっている場合も多くあります。その結果、「本当＝事実であれば、正しい」というような自分なりの価値観になっています。相手の気持ちは目に見えません。そのため、**想像力**を働かせ相手の気持ちを推し量る必要があるのですが、このような子どもはその想像力が不足しています。

　想像力の不足は保育所や幼稚園時代のごっこ遊びにも現れます。子ども同士で積み木をパンや車に見立てたり、お母さんや赤ちゃんになりきったりすることが、"面白くない"のではなく、"想像して周りとイメージを共有すること"が難しいと考えられます。そのため、おもちゃを本来の使い方でなく、単なる"モノ"として扱うため、赤ちゃんの人形を投げたり、友だちの作った積み木の家やブロックを壊したりしてしまいます。

　状況に応じて相手の気持ちを考えるだけでなく、実際の場面を取り上げたソーシャル・スキル・トレーニングも有用です。

 よく見られる対応

・担任の先生

　まだ低学年なので、ヒマリさんが「遊ぼう」と言うと、ほかの子どもも一緒に遊んだりしていますが、最近少しずつ嫌がる子ともがでてきました。今後のことを考えると、やはり何度も「人の嫌がることは言ったりしてはいけない」と言い聞かせるしかないと思っています。

・子どもの反応

　本当のことを言って何が悪いの？　でも、先生に注意されたら謝りなさいってお母さんにも言われてるし、謝ったら許してあげないといけないって先生も言ってるから、友だちにごめんなさいってちゃんと謝ってる。

―――――― **支援のヒントに向けた 3 つの視点** ――――――

1）個別の関わり

　このような子どもの特性を変えるのはかなり難しいことです。変えられないから、特性をもっていると言い換えることもできます。そのため、行動をすぐに改善することを目指すより、「場面」を通して、少しずつ学んでいくという考え方です。たとえば、「どうしてお友だちは泣いちゃったのかな？」と

第1章　低学年

ここで子どものこだわりや価値観を把握していきます。その後、「本当のことでも、お友だちが悲しむことを言ったら、仲良く遊べなくなるよ」「お友だちが悲しむ言葉はね、洋服や髪が似合わないとかおかしいとか……」というように一度には難しいので、最初はその場面を取り上げるとよいでしょう。「そのほかにどんなことがあるかな？」と聞いて、本人が考えることも大切です。

2）スキル

「お友だちと仲良くなる言葉」を一緒に考えることも有用です。たとえば、「〜して遊びたいんだけど、○○さんもしたい？」「仲間に入れてくれる？」などです。

想像力の不足から、相手の子どもが自分と同じ気持ちや考えをもっていると思いこんでいる場合も多くあります。このような相手の意向を尋ねるスキルは、苦手な特性をもつ子どもには必要だと思います。

相手の立場を想像することに苦手さのある子どもには、学年が上がることにスキルを変えていく必要があります。たとえば、友だちに誘われたときに「○○ちゃんと遊ぶのは好きじゃないから、遊ばない」などと言ってしまいます。断り方など、生活場面と子どもの状況に合わせて考えていけると子どもの成長の支えになります。

3）学級での関わり

これらのスキルは、学級の一定数の子どもたちにとってもあるとよい社会的スキルでしょう。学級全体で、このような「お友だちと仲良くなる言葉：遊び、話し合い、生活」などを考えてもいいですね。具体的な言葉を模造紙に貼っておいて、帰りの会で、言えた人にどのような場面や言葉で伝えたのか発表してもらい、学級で認め合うのも素敵です。

子どもが変わらないとき　同じ指導を繰り返しが続くと、イライラしたり悩んだりするでしょう。そのようなとき、一度立ち止まって、4月当初からの子どもとご自身の小さな変化に目を向け、この先を少し長い目でみるのもよいかもしれません。

5 間違った箇所をチェックされると怒り出すナギさん

ナギさんは字を書くのが嫌いです。書くのが面倒くさいという理由で、なかなか書き始めないうえに、やっと書いた字は薄く枠からはみ出て雑な印象です。間違っていることも多く、国語や漢字テストのときには、いくつも✓が付いてしまいます。そうすると、怒ってテストをぐちゃぐちゃにしたり机に突っ伏して動かなくなったりします。最近は、登校渋りも見られるようになってきました。

🌱 それぞれの立場

・学級の子どもたち

　ナギさんって、先生から間違っている場所に✓されると急に怒り出すんだよ。間違ってるのに、どうして怒っちゃうのかな。それで動かなくなるときもあるし……。直せばいいだけなのに、よくわからない。

・保護者

　字がとにかく汚いです。家で宿題をしているときも、読めないような字をささっと書くので、書き直すように言うと怒り出します。「誰だって間違うから仕方ないよ」「間違ったら直せばいいよ」と言うのですが、許せないようです。

・担任の先生

　間違った字を〇にしてしまうと、そのまま覚えてしまって、後々本人が困ると思うんです。ほかの子どもたちも直しているのに、1人だけ〇にもできませんし……。かといって、×を付けたり、✓を付けると、見てわかるくらい表情が変わり怒ってしまいます。最近、学校にも行き渋っているようで、そちらも気になっています。

🍃 子どもの立場

・頭の中（思考理解）

　小学校に入ってから、字を書くことが多いけど、字を書くことがキライだから、勉強もキライ。だって、面倒くさいから。字を書かなければ、学校もイヤではないけど……。字を書かない授業は、図工と体育くらいかな。だからこの2つは好き。

・気持ち（心情理解）

　字を書くのがイヤなのに、直されるとすごくイヤな気持ちになってくる。だらかもっと書きたくなくなる。学校はほとんどが勉強だし、字を書くから楽しくない……。

第 1 章　低学年

　考えられる特性（特性理解）

　　字を読むことも書くこともある程度できるので、限局性学習症が疑われるほどではないと思いますが、筆圧が弱く、形を整えることが苦手なようです。**微細運動（細かな操作）**が得意ではないかもしれません。それ以外に、正解に対するこだわりがありそうです。正解でなければ、自身を否定されるような思いを抱いてしまう子どももいて、なんとしてでも正解にしたいという欲求が強い状態です。本人の中で✓に対する思いは納得できず深刻です。

　　正解への強い思いが、単なる負けず嫌いなのか、こだわりから来ているのか検討する必要がありそうです。負けず嫌いの場合は、正解や勝つために少しは努力もしますが、こだわりの場合は、こだわっている状態であるため努力を積み重ねることにはあまり関心がないように見えます。

　よく見られる対応

・担任の先生
　　間違いをそのままにできないので、小さな✓を付けていますが、それでも本当にイヤがります。かといって○にもできず、仕方がないので、しばらく机につっぷしてもそのままにしています。その間、授業は進んでいるのが気がかりですが……。

・子どもの反応
　　×や✓をわざわざ付けないでほしい。書かれると残ってしまって、ずっとイヤな気持ちになる。ただでさえ書くのがイヤなのに、勉強も全部イヤになる……。

────── **支援のヒントに向けた 3 つの視点** ──────

1）個別の関わり

　　もともとのこだわりの可能性のほか、今は正解にこだわっていて、間違えるのがとてもイヤな時期かもしれません。このようなときには、大きく 2 つ方向性が考えられます。1 つは、段階的に間違いに慣れるようにしていくこと（**エクスポージャー**）。もう 1 つは、一定期間の**優先順位**を検討することです。

　　ナギさんの状態として、登校渋りが少しずつ見られ始めていることから、優先順位を検討してみます。字を丁寧に書けることも重要ですが、当面登校することを優先してみるのも 1 つです。
　　まずは、ナギさん本人の考えを聞いてみることが次の手がかりになりそうです。「直されなかったら、書けるのか」「どうやって漢字を覚えたらよいと思うか」「間違ったときには、先生にどうしてほしいか」などです。

21

本人の否定的な気持ちを聴くのは大変なことですが、それでも本人はそのような思いを抱え続けているとしたら……。話すことで少し楽になるかもしれません。そのうえで、保護者と本人と一緒に下記のスキルを検討することもできるでしょう。

2）スキル

　具体的には、保護者と話し合い、一定期間での間違った字や内容についての指導方法を検討してみます。

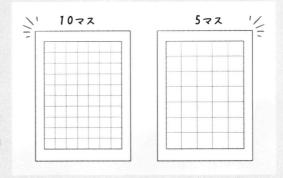

- ✓をつけない➡正解のみ○を付ける
- 間違った内容は○になるまで何回も直して持ってくる➡最終的に100点になる

　まずは、書いてきたこと、持ってきたことを重視し、最後に100点になったら「がんばったね」と一声かけるとよりよいと思います。

　そのほか、学期の最初の方だけでもよいので、**「選べるシート」**などを使用することもできます。

- 漢字であれば、少し大きめの5文字マスと学年に応じた10文字マスの2種類を何行文か印刷した用紙を用意する
- ゆっくり丁寧に書くときは5文字、普通に書くときは10文字マスに書く

　子どもに選ばせて（**自己決定**）、それを提出するのも試してみたいですね。

3）学級での関わり

　ほかの子どもにもこれらのスキルを指導するというのも1つです。これは、**インクルーシブ教育**であり、できることをクラス全体で少しずつ増やすためにすべての子どもにとって有用です。

　ナギさんだけ、という場合にはほかの子どもたちに、ナギさんの状況と自分のペースで少しずつがんばっていることを伝えること、同時にいつもがんばっている子どもへの声かけを意識することで不公平感が生じにくくなると思います。

6 授業に戻ってこないイオリさん

授業が始まっても教室にイオリさんが戻ってきません。先生が1階の教室からふと中庭を見ると、イオリさんがビオトープ（自然の生態系を模した空間）の中の小さな池の前でしゃがんで池の中の生き物をのぞき込んでいました。急いで迎えに行き、教室に戻るように促しても、イオリさんは池をのぞき込んだまま動きません。

それぞれの立場

・学級の子どもたち

　イオリさん、よく1人でビオトープの池やその周りにいる虫とかを見てるよ。雨の日は教室や図書室で図鑑を見てるけど、だいたいビオトープにいることが多いみたい。生き物が好きだと思うけど、チャイムが鳴ったら教室に帰らないといけないのに……。

・保護者

　小さい頃から生き物が好きで、家でも図鑑をよく見ています。特に好きな魚や昆虫などはかなりの時間集中して見ています。保育所のときも水槽の魚をよく見ていましたが、園からそのことで何か言われたことはありません。

・担任の先生

　活動の切り替えが難しいです。特に、集中しているときは頑なに動きません。好きなものがあるのは良いことですが、昼休憩はよくビオトープに行っていて、その後なかなか教室に戻れません。この前は、「じゃあ、お勉強せずにずっとビオトープにいる？」と聞くと、「うん！」とうれしそうにしていて困りました……。

子どもの立場

・頭の中（思考理解）

　お魚や虫を見るのが大好き。保育所のときは、好きなものをいろいろ見ていて楽しかったけど、小学校に入ってからはたくさん注意される……。どうしてかな……。

・気持ち（心情理解）

　お勉強するより、ビオトープにいて好きな生き物を見ていたいだけ。保育所ではよくて、どうして小学校だとだめなのかわからない。小学校って窮屈でつまらない。

考えられる特性（特性理解）

　好きなものに対する過度な**こだわり**や**見通し**がよくない可能性も考えられます。好きなものに集中しているときは、誰でも時間が経つのが早く感じられますが、それでも次にすることがある場合、先の見通しがあるからこそ、「今は○○をしなければ」と、次の行動に移ることができます。こだわりが強く見通しがよくないときは、行動の切り替えがかなり難しくなります。

　この事例は、特性をもつ自覚のある大学生に小学生時代をお聞きしたときの内容です。子どもの視点からは、今の状況が納得できていない場合もあります。たとえば、「チャイムが鳴ったら教室に戻る」という当然のルール（**暗黙の了解**）についても「どうしてチャイムが鳴ったら教室に戻らないといけないの？」「保育所では何も言われないことを、どうして小学校では注意されるの？」など、いろいろな思いをもっていることもあります。

 よく見られる対応

・担任の先生
　「学校ではチャイムが鳴ったら教室に戻らないといけないし、授業が始まるから」と何度も説明していますが、納得していないようです。ほかの子どもは授業が始まる前に戻ってきているのに、これ以上、何をしたらよいかわかりません。

・子どもの反応
　先生が迎えてに来ていろいろ言われるから教室には行くけど、すぐにはイヤだし、本当は帰りたくない。保育所に戻りたいなぁ……。

支援のヒントに向けた3つの視点

1）個別の関わり

　背景になんらかの特性や遅れが見られる場合、保育所から小学校への移行が円滑にいかない子どもたちがいます。園での遊び中心の生活から、学校での学習中心の集団活動への移行は「**小1プロブレム**」とも呼ばれ、どの子どもにとっても大きなハードルです。この話を教えてくれた学生さんは、「小学生のあるべき姿が自分の中にイメージできなかった」と言っていました。「なぜ、体育のときには体育館に行くんですか？」と先生に質問して納得できない子どもに出会ったこともあります。

　暗黙の了解が難しい場合、「『小学校』は何をする場所なのか」「どういう子どもの状態がよいのか（一人ひとり違う目標があると思いますが）」など、本人の納得できない思いをじっくり聞いていきます。

子どもがどうしても納得できない場合には、ルールの種類を考えるのも有用でしょう。ルールは目に見えず、わかりにくいこともあります。大人からすると"当然"で、改めて考えたこともないようなことに対して、戸惑い抵抗を感じている子どもがいることも知っておく必要があるでしょう。

2）スキル

時間に関して、過度にこだわりのある子どもは**過集中**により**時間感覚**がない状態が見られることがあります。集中しているときに邪魔されるとイラっとする気持ちはわかりますので、事前に一緒に教室に戻る計画を検討するのもよいでしょう。たとえば、「**じかんだいさくせん**」などのタイムスケジュールを作ってみます。

・タイマーを持って、5分前にアラームがなるように設定する
・タイマーが鳴ったら、教室に戻る心の準備をする
・チャイムが鳴ったら教室に戻る（可能なら）

最初は、迎えに行ってタイマーを一緒に確認し、ビオトープの話をしながら一緒に教室に帰るのもいいですね。

以前より少しでも早く戻れたら、できたことを認める声かけ（**肯定的フィードバック**）を何度も行うことで、それが行動を増やす**強化子**となり、良循環の行動を維持する手がかりになります。

3）学級での関わり

このような子どもたちは自分の世界をもっていて、1人で行動することも多く、学級の中で少し浮いていることもあります。そのような場合、学級での自己肯定感と居場所感を少しずつ作るために、たとえばイオリさんの場合は「生き物博士」など、得意なことを学級の中で認められるような関わりがあるとよいと思います。

生活の時間に、ビオトープの説明をしてもらって、先生が「すごいね、よく知ってるね」「今度、見てみたいなぁ」と言ったりすると、学級の子どもたちの中に興味をもって一緒に見に行ったりする子も出てくるといいですね。先生の関わりを子どもたちはよく見ています。

7 文字を読むことが苦手なソウマさん

ソウマさんは文章を読むときに、1文字ずつ読んでいくため、意味の区切りをつけることが難しく、文章の意味が取りにくい状態です。そのため、書いてある内容がなかなか理解できず、テストでも先生が文章題を口頭で説明しなければ問題を解くことができません。授業中の音読も先生が横に付いて一緒にゆっくり読むと、読めることも多いのですが、毎回丁寧な個別支援をする時間がありません。

それぞれの立場

・学級の子どもたち

　音読のときソウマさんが一生懸命読んでるのはわかるけど、変なところで何度も止まったりして、その後なかなか進まないみたいで、何を読んでるのか聞いててもわからなくなってくる。どうしてかな。

・保護者

　家でも読む練習を一緒にしていますが、なかなか読めないようです。ひらがなでこれだけつまずいているので、今後学年が上がっていくとどうなるのか心配です。

・担任の先生

　理解もいいですし、学習能力は高い方だと思います。それなのに、なぜ読みだけこんなに苦手なのか不思議です。一つひとつの字や、言葉の意味はわかっていますし、聞くとしっかり答えられるのですが……。

子どもの立場

・頭の中（思考理解）

　1つずつの字は読めるけど、少し長い文になったら、自分で読んでいて何が書いてあるのかわからない。誰かが読んでると意味がわかるんだけど……。

・気持ち（心情理解）

　ほかの人はどうしてあんなにスラスラ文が読めるのかな……。もっとがんばって練習しようって言われて、練習するけど読めない……。頭が悪いからなのかな……。

第1章　低学年

 考えられる特性（特性理解）

　限局性学習症には、読み、書き、算数が含まれています。読みの苦手な子どもは、たとえばひらがなの50音を覚えていて、発音できても、「てぶくろ」という文字を読んでいるときに、文字と単語としての実際の意味（この場合、寒いときに手につけるてぶくろ）が瞬時に一致しません。「て」「ぶ」「く」「ろ」と読めても、同時に「てぶくろ」のイメージが湧いてこないという状態です。そうなると、意味と意味のまとまりで文を区切って読むことは、とても困難な作業になります。拗音や促音でもつまずくことも多く、最近は低学年からの読み、算数のスクリーニングや学習支援も進んできています。

　人前で読むことがとても苦痛になる場合が多いため、学級での教師の介入は重要です。できるだけ、本人の苦手意識を軽減するような工夫を行うこと、そして学習全体への意欲が低下しないことが1つの目標になると思います。

 よく見られる対応

・担任の先生

　理解力も高い方なので、もう少し練習したら読めるようになると思っています。「がんばって家でも何度も練習して読んでみようね」と本人に話していて、保護者にももう少し音読を見てもらうようにお願いしています。

・子どもの反応

　先生に「もう少し練習したらできるよ、がんばってね」と言われたら、「はい」と言うけど、家で宿題の音読もしてるし、勉強時間にもちゃんとがんばってるのに、なぜか自分だけ読めないみたい。どうしたら読めるようになるのか、わからない。

──────── **支援のヒントに向けた3つの視点** ────────

1）個別の関わり

　音読はいろいろな授業で行われますが、このような特性のみられる子どもは、国語に苦手感をもっていることが多く、できれば当てられたくない、読みたくないと感じています。その場合、子どもの心を大切にしながら、どのような関わりができるでしょうか。

　1つは、少しでも読めたら、授業後や机間巡視のときに「よかったよ」「前より少しずつ読めるようになってるね」と声をかけて小さな変化を認めることから始めます。比べるのは周りの子どもではなく、4月当初の頃の状態です。がんばって読もうとしている様子を認めることもできると思います。

もう1つは、子どもの**自尊感情**を下げないために（音読スキルのためだけではなく）、先生と練習することも有用です。その後、練習した箇所が発表できるよう工夫します。
・事前に読む場所を決めて、最初は一文を一緒に練習してみる
・単語のまとまり「てぶくろ」「みかん」などに○をつけて一緒に意味を理解する

　この場合、子どもは自分がどこを読むのかわかっているので、急に当てられて同級生の前で緊張しながら苦手な読みを行うことを防ぐことができます。練習することで安心感も生まれます。さらに、先生が少しの変化を認めてくれたらうれしいと思います。

2) スキル

　どの部分に苦手さがあるのか、査定（**アセスメント**）することも重要です。

・拗音、促音を含めた読み方
・漢字の読み方
・意味のまとまり
・字を追う目の動き
・読んでいる行がわからなくなる　など

　すぐにできる方法は、読んでいる場所を探さなくても良い長方形をくり抜いた「**くり抜きカード**」です。読みながらそのカードを手で移動することで、余計な文字が目に入らず、自分の読む列に集中することができます。

　また、もう少し大きい字の方が見やすければ教材を拡大コピーしたり、タブレット教材（たとえば、デイジーなどのデジタル録音教材）を使用してもよいでしょう。

3) 学級での関わり

　周りと同じようにできることは学年の教育目標に関連して重要です。ただし、107ページでも紹介していますが、学習の一部に苦手さをもっている子どもの悩みは周囲から気づかれにくく、深刻な場合があります。読みが苦手な子どもはほかにもいるでしょう。その子たちや、別の子どもの苦手なことを含めて、いろいろな人の考え方（多様性）を認めることで学級経営にもよい影響があると考えています。

8 授業中に離席・離教室を繰り返すアキラさん

アキラさんは、授業中に席を立ち歩き、友だちの筆箱を落としたり、頭をたたきながら歩いたりして、トラブルになることが多くあります。先生から何度も注意を受けていますが、なかなか改善がみられません。最近は、立ち歩きだけでなく、教室からふらっと出てしまうことが何度もあり、担任の先生や職員室にいる先生が探しに行くことも増えています。

それぞれの立場

- **学級の子どもたち**

　授業中に机の上にあるものを落としてきたり、勝手に持っていって投げたり、服を引っ張ったり、頭をたたいたりしてきて腹が立つし止めてほしい。ほかの子も怒ってる。どうして授業中に立ち歩くんだろう……。授業中ってわからないのかな……。

- **保護者**

　家では親の言うことはすぐではないですけど聞きますし、ゲームをしている時間はおとなしくしているので、そんなに困っていることはありません。学校で先生にしっかり対応してもらえればなんとかやれると思います。

- **担任の先生**

　立ち歩きながら友だちにちょっかいを出すので、授業中にトラブルが頻発しています。それだけでも授業に影響するのですが、最近は離教室が増え始め、私が授業を中断して追いかけるか、職員室にいる先生にお願いして探してもらったりして困っています。

子どもの立場

- **頭の中（思考理解）**

　勉強時間にじっとしたいけどすぐに身体が動いてしまう。歩きながら、友だちのものを机から落としたり、頭を触ったりしているとすごく騒ぐから面白い。だけど、その後注意されるから、教室から出て学校の中をいろいろ見て回ってる。

- **気持ち（心情理解）**

　勉強も何してるかわからなくてつまらない。毎日、先生に怒られてばっかりであーあって感じ。

考えられる特性（特性理解）

じっとしていられない**多動性**や**衝動性**を示す行動が見られ、立ち歩きにつながっているようです。併せて、**集中が続かない**という特性から、授業に十分参加できず、することがない（することがわからない、その結果学習内容がわからない）つまらなさからも生じているかもしれません。

また、能力は低くなくても先生や同級生の説明を聞いていないために理解できない、ということが積み重なると「**学習生無力感**」とよばれるような"どうせ自分はできない"という投げやりな状態に陥ることもあるので注意が必要です。

ただ、アキラさんの場合、立ち歩きが教室を見て回ったりする行動ではなく、友だちにちょっかいをだしていることから、友だちの注目と反応を得るという**注目行動**（41～42 ページ参照）が加わっている可能性もあります。その場合は、注目や反応を学級の中で少し抑えるような関わりも必要になります（支援のヒントに向けた 3 つの視点参照）。

よく見られる対応

・担任の先生

授業中なので、トラブル時にはやはり指導しなければなりません。離教室になってしまうと教員が 1 人しかいないため、とても困っています。

・子どもの反応

勉強がつまらない。最近は教室にいても面白くないし、注意ばかりされるし、友だちも怒ってくるから、教室を出る。

支援のヒントに向けた 3 つの視点

1）個別の関わり

授業中の一方的なちょっかいによるトラブルは当然指導の対象になります。しかもほかの子どもが嫌がったり怒ったりしていればなおさらです。ここでは、関係性と居場所作りを視野に入れた個別の関わりについて検討します。

1 対 1 で話せる時間の中で、アキラさんの気持ちを聞いてみます。

次に、私が以前関わった子どもに対し、担任の先生と行った作成会議を紹介します。

・先生のお手伝い係を任命して授業中に活動してもらう
・みんなの前でお礼を言うことで"困った子"から"みんなために動いてくれる子"に周りの子どもの意識を変える
・トラブル場面について後で不満や怒りを聞き、その後相手の気持ちを一

緒に考える
・クラスで活躍できる場面を増やす（1回は当てて、コメントするなど）

2）スキル

トークンエコノミーシステムといううご褒美システムを使った「**がんばりカード**」もよさそうです。

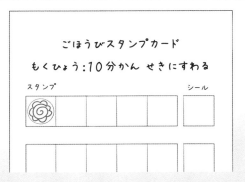

・一緒にできそうな目標を1つ立てる（たとえば、10分間の着席、1時間友だちにちょっかいを出さないなど、少しがんばればできそうな内容を設定する）
・達成したら5マスのうちの1つにご褒美スタンプを押す（丸いシールなどでもOK）
・5つスタンプがたまったら、ご褒美シール（本人が好きなキャラクターが印刷された用紙を切ったもの）を四角いマスに貼る
・スタンプ5つで、放課後一定時間に先生と一緒に○○する（たとえば、一緒に本を見る、好きなキャラクターのガイドブックを作る、キャラクタークイズを作るなど）

スタンプを押すときに承認（ほめるなどの**肯定的フィードバック**）を行うことで、がんばろうという気持ちが芽生えてきます。少しずつ目に見える形で、好きなものを題材にしながらがんばりを形にし、関係性を含むようなご褒美を動機づけにします。楽しみながらできることを増やす、というイメージです。居場所と関係性を作るために、学級の中でそれらを発表するのも一案です。

3）学級での関わり

アキラさんが友だちにちょっかいを出しているときの反応を考えます。注目の**反応刺激**として一番強い対象は、同級生、次が教師であることがわかっています。その注目が**強化子**となり、悪循環を維持する要因になります。そのため、学級の中で今アキラさんがなんとか席に着いて授業が受けられるようがんばりたいと思っているところだから、授業の途中で「わー！」「やめてー！」と言うのを少しだけ我慢して、そっと見守ってあげましょうなど、子どもたちの理解を促します。「1）個別の関わり」と併せて、学級の中で落ち着く環境を少しずつ整えていけるとよいですね。そして、同じくらい、協力してくれた多くの子どもたちへの労いと感謝の声かけも大切です。

9 登校後に朝の準備ができないアオバさん

毎朝登校後に子どもたちがすることはいくつもあります。ランドセルから学習道具を出してランドセルをロッカーにしまい、学習道具を机の中の引き出しに入れ、宿題と連絡帳を指定の場所に置き、給食セットなどを廊下のフックにかけて、水筒をロッカーの上に置きます。アオバさんは、これら一連のことがなかなかできません。登校後、ランドセルを机の上に置いて、すぐに遊びに行ってしまいます。チャイムが鳴っても、そのまま遊んでいることも多いです。

それぞれの立場

・学級の子どもたち

　アオバさんはすぐに遊びだすから、勉強の準備がいつも遅いよ。先生にいつも注意されて、嫌じゃないのかな。すぐやればいいのに……。

・保護者

　学校から帰ったら、手洗いうがいをしてランドセルからお手紙を出しなさいと何度も言っていますが、すぐに遊び始めてしまいなかなか生活習慣が身につかず困っています。

・担任の先生

　今２学期の中頃なのですが、入学してから毎日している学習行動がまだできていません。そうなると、学習準備も遅くなり、必然的に学習のスタートが遅れてしまいます。説明を聞いていないので、何をするかわからなくなって、学習の積み重ねにも影響が出ています。これから学習が少しずつ難しくなるので心配です。

子どもの立場

・頭の中（思考理解）

　じっとしているのが苦手。見たものの方に身体が勝手に動いていて、動くし、いろいろやりたいし気になる。ずっと休憩がいい。

・気持ち（心情理解）

　先生はいつも怒ってばかり。学校には怒られるために行っているみたい。嫌だなぁ……。

第 1 章　低学年

　考えられる特性（特性理解）

　多動性、**衝動性**、**不注意**などが考えられます。とにかくじっとしていられず、目に入ったものがすぐに気になり、同時に身体が動きます。以前に参観させていただいた低学年の学級で、生活の時間に先生が教室の後ろの棚から芽の出てきた苗を黒板の前の教卓に持ってきたときのことです。苗を持っている先生のうしろを 4 人くらいの子どもが教卓の方に向かって歩いていました。後で先生が「私の後ろについきたのが多動や衝動性がよくみられる子どもたちです」と教えてくれました。「何かな？」と思ったと同時に身体が動いて見に行ってしまうんですね。頭の中にあるのは、"すぐ見たいけど、授業中だから先生が前に持ってきてくれるまで待とう"ではなくて、「何かな？」でいっぱいなのかもしれません。

　アオバさんもその 1 人と言えそうです。「何の音？」「何してるの？」。じっとしていることが苦手なうえに、気が逸れやすく同時に身体が動いていたら、"今すべきこと"を優先にするのは、難しくなってしまいます。

　よく見られる対応

・担任の先生

　朝、教室に入ると、アオバさんはランドセルを机の上に置いたまま遊んでいるので、何度も注意したり、声かけをしたりしますが、それでもなかなかランドセルの片付けができません。毎日のことで、こちらも疲れてしまいます……。

・子どもの反応

先生がうるさくて嫌になる！　めんどうでやりたくない！

―――――――― **支援のヒントに向けた 3 つの視点** ――――――――

1）個別の関わり

　入学してから半年経っていることを考えると、これまでと同じ指導を継続しても特性の影響により習慣が身に付きにくいと思われます。ここでは、子どもと関係を形成しながら、先生も少し気持ちが楽になるような関わりを考えていきます。

　子どもの反応として、ADHD 特性のある大学生に当時を尋ねると、「あまり聞かないようにしていた」と言っていました。そうなると、注意すればするほど、「うるさいなぁ、また言ってる」というような感じで流れてしまいます。一方、聞いているときでも、特性により気が逸れて、あるいはほかのことをしている間に忘れてしまい、結局、"できない"という結果になります。

　このようなときには、「先生の指導を聞く」から「子どもが自分で言う」と

33

いうように転換してみます。「**自己訓練教示法**」とも呼ばれ、このような特性のある子どもに有用です。

・「朝、学校に来てからすることはなんだっけ、自分で言ってみて」
・「そうだね、よくわかってるね。じゃあ、やってみようか」

自分で言えなかったときは、先生が伝え、本人にもう一度言ってもらいます。一連の手続きを行うときには、具体的に何をするかをカードで示します。

2）スキル

「あさのよういかーど」を使ってみます。
①ランドセルの中の道具を出す
②ランドセルをロッカーにしまう
③教科書を引き出しの中にしまう
④宿題と連絡帳を出す
⑤水筒を置く
⑥給食セットと体操服をフックにかける

最初は先生とカードの①を一緒に読んでやってみます。②〜⑦も同様に行います。1つできたら、スタンプを貼ったり、ホワイトボードに○を書くなど視覚化して提示します（**構造化**）。

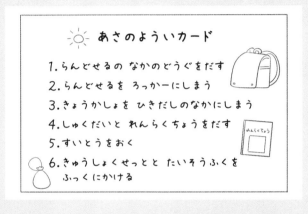

最初は1つずつ行い、1つ終わるごとに「できたね」、最後は「全部できたね、がんばったね」と承認（**肯定的フィードバック**）をすることが、次の動機づけ（**強化子**）につながります。次第に、カードを指さしたら子どもが実行する、①〜③まで連続でできる、というように、**スモールステップ**でできることを増やします。

3）学級での関わり

子どもが少しずつ用意できるようになってきたら、学級で「**できるかな、だいさくせん**」も面白そうです。先生が、「この時間に来るまでに、何人用意ができてるかな？」と人数を数えていきます。友だちに教えてあげるときは「○○さん、一緒にやってみようか」とやさしく声をかけること、そして、がんばった子どもたちをほめます。ただし、途中までの子どもも、きっとその子なりにがんばっていますよね。みんなでできることを増やしながら、やさしい言葉を覚えていけたら素敵です。

10 友だちの机を全部倒したナミトさん

体育前の算数のとき、先生が教卓にもってきたそろばんの模型を、ナミトさんが席を立って前で触り始めたため、クラスの子どもたちが一斉に「見えない！」「どいて！」「席について！」と言いました。そのことに腹を立てたナミトさんは、教室を飛び出して図書室に向かい、結局体育に行きませんでした。体育が終わった子どもたちが教室に戻ったとき、教室の机が1つを除いてすべて倒されているのを見て大騒ぎになりました。

それぞれの立場

・学級の子どもたち

　これをやったのはナミトさんだよ。だって、算数のとき、そろばんを勝手に触ってみんなが見えないから注意したら怒って教室から出ていってそのまま体育に1人だけ来てなかったし、倒れていない机はナミトさんのだから。自分のだけ倒さなかったんだよ。

・保護者

　勉強は嫌いではないのですが、最近学校に行きたくないという日が増えてきました。多分友だちとうまくいっていないのだと思います。友だちの話を聞くと、怒ったような表情になります。家ではお父さんが厳しく、萎縮している感じです。

・担任の先生

　自分のしたいことしか目に入らないし、なかなか人の話が聞けません。何が悪かったか説明しても納得できないようで、どう指導したらよいのか悩んでいます。最近、友だちとのトラブルが増え、図書室に行ってしまうのも困っています。

 子どもの立場

・頭の中（思考理解）

　みんながぼくのことばかり責めてくる。何も悪いことしてないのに1人を集中攻撃して、それなのに先生も友だちを注意しないでぼくのことを注意するなんておかしい。

・気持ち（心情理解）

　どうしてみんなぼくのことばっかり責めてくるんだろう。先生もみんなも敵だ。こんな場所に行きたくないし嫌だ。図書室で静かに本を読んでいたい。

考えられる特性（特性理解）

　このような子どもたちは、物事全体の状況を捉えること（**状況把握**）に苦手さがあるようです。自分の見た一部分を切り取って捉えるため、**状況理解**が難しく、その結果自身が被害者の立場（**被害的認知**）になることが多くあります。たとえば、ナミトさんの場合、最初に自分が前に出て、教卓の上にあるそろばんの模型を触り続けたことで、子どもたちから注意をされたのですが、自分がした行動を振り返ることができていません。つまり、自分がしたことではなく、相手から「されたこと」から状況が始まっているのです。そうなると、自分は「いつも被害者」になります。

　このような思考の場合、謝るのはむしろ周りの子どもたちであり、自分に謝らせようとする先生も学級の子どもたちもみんな敵と感じてしまいます。

 よく見られる対応

・担任の先生
　ナミトさんが前でそろばんを触り子どもたちに注意された後から、1週間以上、教室で授業を受けていません。今は、支援の先生に図書室についてもらっています。
・子どもの反応
　どうしてぼくばかり注意されるのかわからない。あんなところ（教室）に居たくないから、図書室に行く。

支援のヒントに向けた3つの視点

1）個別の関わり

　まずは、ナミトさんの考えや思いを聴くところから始める必要があるでしょう。ナミトさんが悪いのはわかっているのに、「なぜ？」と思われるかもしれませんが、個別の関わりでは教師と子どもの関係の架け橋を築くことを大切にしていきます。その架け橋が築かれたうえで、スキルを試していきながら、学級での関わりで居場所を少しずつ作っていくという流れになります。

　ナミトさんの話は、周りからすると納得できるものではありません。一方的で自分本位に見えます。それこそがナミトさんの特性（他者理解・状況理解の難しさ）と考えられます。そうなると言葉の理解はできても、本人としては指導に納得できません。そのため、信頼関係が形成されるまで、どんなに説明したくても最後まで聴くことが大切です。

第 1 章　低学年

2）スキル

会話の内容を絵や文字で表現し、視覚的に会話の流れや状況を理解するコミュニケーション支援法である「**コミック会話**」を使います。

・最初に、1）のように、子どもの話を聴きながら、その状況を簡単な絵に描いて、子どもの考えを吹き出しにしていきます。4コママンガのようなイメージです。

①「みんなに"見えない！""どいて！"と言われた」。②次に、その前の状況を思い出してもらい（ナミトさんの例では教卓の前に出てそろばんを触っている簡単な絵を描きます）、③最後に、「どう思った？」と本人の感想を聴きます。自分の見方に固執しても、流れをおさらいして、「お友だちは見えなくて注意したんだね」と簡単に振り返ります。

3）学級での関わり

ナミトさんのような特性をもった子どもに対し、特定の子どもたちが努力して支援をするという形ではなく、子どもたち、ナミトさん、先生が相互に歩み寄り小さなことを積み重ねていくことも大切です。たとえば、子どもたちには「もう少しやさしく言ってあげると"そっか"って思うかもしれないよ」と説明するとよいでしょう。ナミトさんには 2）のスキルを使用しながら、「次からどうしたらいいかな」と一緒に対応を考えるなど、社会的スキルとして、相互に関わり方を身に付けていけるとよいですね。

先生が「悩む」こと　特性のみられる子どもは、理不尽に思える行動や繰り返しが見られるため、注意や指導をするのは当然です。少しだけ立ち止まって考えていただきたいのが、一生懸命指導しているのに状況が変わらなかったり、むしろ悪化したりしているときです。どのような指導をすれば……ととても悩むかもしれませんが、先生が「悩む」こと自体、「なんとかしたい」と感じている状態とも言えます。少し肩の力を抜いてご自分のがんばりも認めながら、学級の中でゆるやかに子ども同士の相互作用から学ぶ力を引き出す視点をもってみるのもいいかもしれません。

11　お母さんと離れられないメイさん

1年生のメイさんは、4月はがんばって登校していましたが、ゴールデンウィーク明けから学校に行くのに抵抗を示し始めました。お母さんは仕事の時間を遅らせて、メイさんと一緒に学校に行き、児童玄関に迎えに来てくれた先生にこの後をお願いして帰ろうとすると、メイさんは大泣きしてお母さんから離れられません。

🌱 それぞれの立場

・学級の子どもたち

　メイさんは、どうして教室に入りにくいのかな。お母さんと離れたくないのかな。でも、気持ちはわかる……。わたし／ぼくもお母さんがいい……。

・保護者

　保育所でも最初は、私と離れるのをすごく嫌がって大泣きしていたんですが、先生に預けると上手にあやしてくださって少しずつ慣れてきて、途中から保育所に行くのを楽しみにするようになりました。年度が変わってクラス替えになると、担任の先生や教室も変わるので行き渋りましたが、それでも慣れていったので、今回も慣れると思います。

・担任の先生

　保育所から小学校に入学して少ししか経っていないですし、お母さんと離れるのが不安なんだと思います。ただ、当初より泣き方や嫌がり方が激しくなってきて、これから少しずつ落ち着くのかどうか心配です。勉強もまだ楽しい内容ですし、メイさんを待っている友だちも何人かいるので、早く慣れてくれるといいなと思っています。

🍃 子どもの立場

・頭の中（思考理解）

　学校に行きたくない……。知らないことばかりだし、保育所のときの仲良しの友だちも一緒じゃない。勉強も楽しくないし、うちでお母さんと一緒がいい……。

・気持ち（心情理解）

　担任の先生が「学校では先生がお母さんだよ」って言うけど、お母さんじゃない。私のお母さんがいい……。お母さんと離れると悲しい……。

第1章　低学年

 考えられる特性（特性理解）

　愛着のある対象、多くは母親と離れることに対して持続的に強い不安が生じる状態として**分離不安症**という名称が用いられることもあります。診断は医師によって付けられますが、そのような傾向が背景にあるかもしれません。この場合、いくつかの検討項目が挙げられます。
　・愛着をもっている対象からの分離による過剰な苦痛
　・愛着をもっている対象を失うかもしれないという過剰な心配
　・愛着をもっている対象から分離されたままになるという過剰な心配
　このような状態は不安が根底にあるため、安心感を経験していくことが大切になります。今回は2つの方向性を考えてみます。1つは「学校が少しずつ安心できる場となるようにする」、もう1つは「少しずつお母さんと離れる状態を作って慣れるようにする」というものです。

 よく見られる対応

・担任の先生
　最初は泣いていますが、1時間ほどすると泣き止んでその後は少しぐったりして保健室にいます。お母さんも仕事がありますし、なんとか学校に慣れてもらうよう今は無理に引き取って教員間で連携を取って対応していますが、なかなか教室に入れません。給食を食べないときには、迎えに来てもらっています。
・子どもの反応
　学校に行きたくないしお母さんと離れたくないから、涙が出る……。友だちと一緒に遊ぶのは少し楽しいけど、すぐにお母さんのことを思い出して悲しくなる……。

支援のヒントに向けた3つの視点

1）個別の関わり

　お母さんと離れることによる強い不安が継続して生じている場合、心理的な見方になりますが、側にいないお母さんの存在を表象（イメージの中の像）として、もてていないことも考えられます。また、学校という場がまだ安心できない状況と思われますので、可能であればまずは学校でお母さんと少し過ごすということも検討できるでしょう。場所は、保健室、教室など、子どもの状態によって変える必要があります。
　ここで意識できるとよいこととして、お母さんとの関わりが挙げられます。ほかの子どもは1人で学校に来て授業を受けているのに、自分の子どもだけ親と離れられない状態を辛く感じている思いを受け止めることも大切です。

具体的には、職員全体で共有することとして、子どもを連れてきてくださっているお母さんに対し、挨拶や労いの言葉をかけるなども挙げられます。筆者自身、以前このような状態のお母さんとのカウンセリングで「先生方はみんな忙しく、すれ違っても誰も声をかけてくれず、学校に来たらいけない気がします」とお聞きしました。ただでさえ子どものことで悩んでいるのに、さらに学校に来ることにも悩んでおられました。

教室に子どもと入ってもらう場合は、お母さんのところに行って挨拶とともに椅子を用意して居場所を作ることで、子どもにとっても安心できる場所になっていくと思います。

2) スキル

教室に少しずつ入れるようになってきたら、様子を見ながら1日中がんばるよりも滞在時間を長くする、お母さんと離れる時間を少しずつ作るなど、1つずつ試してみるのもよいでしょう。

心の中にお母さんの像がもてていない可能性を考え、「お母さんが約束の時間になったら必ず迎えに来てくれる」という確信がもてるように、「実行できる約束を丁寧にすること」「本人が納得する形で少しずつ時間を延ばすこと」などが最終的な近道のように経験上感じています。そのほかのスキルとして、「お母さん像になるような、小さなお母さんの写真をポケットやランドセルに忍ばせておき、会いたくなったらそっと見る」「小さなお人形/ぬいぐるみをポケットに入れておき、落ち着きたくなったら触る」なども子どもの意見を聞きながら検討したいものです。

3) 学級での関わり

メイさんの様子は、子どもたちもなんとなくわかっているのではないでしょうか。今、学校がまだ安心できる場所になっていないこと、がんばりたいと思って努力していること、遅れてきてもみんなは授業に集中して声をかけなくてもよいこと（先生がしっかり対応すること）、休み時間になったら遊ぶ声かけをするとよいことなどを共有することも大切な気がします。

コラム1

問題行動を減らすための応用行動分析
(Applied Behavior Analysis: ABA)

● 問題行動への対応

　問題に見える行動（以下、問題行動）を減少させるために、どのような対応が考えられるでしょうか。何度指導を繰り返しても子どもに変化が現れないことも多くあります。発達特性が見られる場合、指導を繰り返す教師も疲れ、子どもの反発も大きくなり、問題行動が維持／増大していくこともあります。

● 指導で子どもの問題行動が変わらないとき

　従来の問題行動の対応は、指導が中心です。発達特性の見られる子どもは、教師の指導がそもそも聞けていなかったり、納得していなかったり、しようと思ってもできない傾向があります。そこで、行動を変えるために、ABAを使ってみます。

　・指導：言語説明により子どもの理解を促し、行動の改善を目指す
　・応用行動分析（ABA）：行動に着目し、行動に働きかけ、行動変容を目指す

● ABAの考え方

　ABAは、行動を変容させるために用いられる有効性が認められた応用科学です。問題行動を3つに分割し、その行動を維持するメカニズムを明らかにし、行動変容のためのアプローチを行います。

　問題行動を3つに分けた後、行動を維持するメカニズムを検討し、その循環を変えるために、行動の事前と事後にアプローチします。具体的な方法を以下で見ていきます。

● ABA分析

　問題行動を3つに分割して分析することを、それぞれの頭文字を取って、ABC分析といいます。

　・きっかけ（Antecedent: A）
　・行動（Behavior: B）
　・結果（Consequence: C）

　たとえば、以下の事例を考えてみます。

　　子どもが算数のテストに取り組まず、何度か声かけをした後にテストを破ってしまい、テストができなかった。

● 実際のアプローチ

問題行動を3つに分割すると、以下のように考えられます。
テストを提示し取り組むよう促す→テストを破る→テストをしない

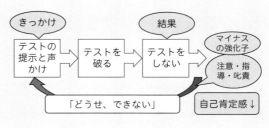

3分割後に、きっかけと結果に対するアプローチを考えます。

・きっかけ：問題を一度に提示せず、数問だけ提示する（スモールステップ）
　　　　　　問題を数問提示し、1問できたら○をする（即時的報酬）
・結　果：問題用紙をテープで修正する（破って終わりにしない）
　　　　　3問問いたら休憩（取り組んで終わる）

きっかけでは、問題になる行動を起こさせず、子どもの状況に合わせた提示を行います。結果では、これまでと違う結果になるような関わりを行います。

● 意欲を維持するためのアプローチ

行動に着目した対応を行うことにより、問題行動を減少させ、子どものできること（成功体験）の増加を目指します。1つできたら、段階的にできることを増やしていきます（**スモールステップ**）。大切なのは、できるための意欲を育てていくことです。

● 行動を増やす強化子

意欲を維持・向上するために強化子を用います。これは行動を増やすために大切で具体的には認める言葉（**肯定的フィードバック**）をその都度かけていきます。

留意点として、注意や指導、注目も強化子となります。つまりこれらの働きかけとマイナスの行動を増やす要因になってしまいます。プラスの強化子が増えるといいですね。

● 次のステップ

良循環を維持するために、わずかな結果や少しの努力に対する声かけ（肯定的フィードバック）の強化子を、当初は頻繁に行っていき、子どもの意欲を高めることを目指します。ステップを上げる期間としては、2～3週間くらいを目安にするのもよいでしょう。ステップを短期間で上げすぎると、良循環の持続が難しくなるので注意が必要です。

子どもが「これくらいならできそう」「やってみようかな」と思いながら、強化子（肯定的フィードバック）を得る過程で、先生がついて声をかけなくてもできるようになれば、次のステップ（たとえば、5問→8問など）に進むというイメージです。

第 2 章

| 中学年 |

12 テストを破ってしまうダイチさん

算数の計算が苦手なダイチさんは、算数プリントやテストになかなか取りかかれません。先生は何度か声をかけますが、鉛筆や消しゴムで遊んでいます。残り10分になり先生が、「少しがんばろう」と伝えると、ダイチさんは怒って算数テストをビリビリに破ってしまいました。周りの子どもたちは、「あー！テスト破った！」「だめだよー！」と叫んでいます。このようなことが最近何回か続いています。

それぞれの立場

・学級の子どもたち

　みんなが静かにテストをしてるときに、ダイチさんは1人だけやらずに、最後の方で先生に注意されたら怒ってテストを破るなんて、おかしいよ。

・保護者

　算数は苦手で、宿題もなかなか進みません。家でも間違ってもいいから、やるだけやってみようと言っていますが、気が重いようです。まだ、3年生なのにこれから先どうしたらよいかと悩んでいます。塾も考えていますが、本人は嫌がっています。

・担任の先生

　算数が苦手だとは思うのですが、それでも少しずつやっていかないとできるようにならないですし、テストは評価対象でもあるので成績も付けられません。テストを破ると周りの子どもたちも驚いて騒ぎますし、結局最近はテストができず困っています。

子どもの立場

・頭の中（思考理解）

　どうせやってもできないし、バツがつくか、書けないところばっかりになって、やっても意味ないし、それで先生やお母さんになんか言われて面倒だし、やらない方がマシ。

・気持ち（心情理解）

　算数は嫌いだし、できないからやりたくない。それに、問題がたくさんあって、見ただけで嫌になる。破ったら怒られるけど、やらなくてよくなるから。

第 2 章　中学年

 考えられる特性（特性理解）

　持続的な努力を要する課題の取り組みに困難さがあり、それを避ける（**回避**）ような傾向も考えられます。また、子どもによっては、満足を先延ばしにすること（**満足遅延**）が苦手で、すぐに報酬を求める態度（**即時的報酬**）としても現れます。これらは ADHD 特性の中に含まれるものです。このような傾向が見られる場合、"やる気"を高めて、できるようにするのはかなり難しいかもしれません。

　上記特性として、問題を見ただけで「絶対、無理！」と思ってしまうような子どももいます。この場合、少しずつ苦手感を軽減する方向性と、問題行動を3分割して困った行動の前後にアプローチする方法（**応用行動分析**、41ページ参照）も考えられそうです。

 よく見られる対応

・担任の先生
　全くしないというのもよくないので、なんとかやらせようといろいろ声かけをしています。しかし、最近はテストまで破り悪化してきているようです。

・子どもの反応
　算数は絶対やりたくない。どうせできない。できないことをやっても意味ないから、テストを破って先生の注意を聞いて、その後遊びに行く。

―――――――― **支援のヒントに向けた3つの視点** ――――――――

1）個別の関わり

　テストを破るという子どもの心理を考えてみます。最初に、苦手なことを避けるという心理が働いていそうです。そして、多くの問題を解くことができないうえに、すぐに反応（即時的報酬）を得られるわけでもありません。さらに、低い点数を取ってしまうと、もともと高くない**自己肯定感**がさらに下がってしまいます。そうなると、テストを受けることは、何重にも辛い取り組みとなります。

　この場合の個別の関わりでは、自己肯定感を少しずつ上げていくことを目指します。たとえば、「少し取り組んで、すぐに先生から**肯定的フィードバック**による反応（即時的報酬）を受ける」というものです。

　・テストを何分割かにし（コピーでも原本でも）、最初の比較的簡単ですぐできる問題を3問くらいから提示する（**事前アプローチ**）
　・すぐできるので、近くにいてできたら○をつける（**即時的報酬**）
　・子どもがもう少しできそうなら、＋3問ほど追加する（**スモールステップ**）

45

注意点：子どもが少しやる気を見せたときに、せっかくなので"最後まで"させるより、最初は少しにして、"次もやってみよう"と思った方がよいでしょう（「やればやるほどやらされる」からと最初の数問にも取りかからなくなった子どももいました）。

2）スキル

応用行動分析を使用して、問題場面を分析し、対応を検討します（41ページ参照）。

問題場面を3つに分けると、「①算数テストの提示」「②テストを破る」「③テストをしない」という流れが維持されています。

問題を分割して提示内容を少なくするという方法は①へのアプローチです。③を少し変えることも検討できます。たとえば、「破った後、テストをしない」から「一緒にテープで張ってコピーし、少しでも解いてから遊びに行く」などです。①と③の対応に少し工夫をするという考え方です。

3）学級での関わり

友だちの心配をするのはとても大切なことです。ただ、ダイチさんの場合、注目が行動を増やす**強化子**になっている可能性もあるため、各自がテストに集中し少しそっとしてあげることもできるでしょう。場合によっては友だちが落ち着くために大切であることも学級全体で共有できるとよいと思います。また、特性の見られる子どもは、大きな声が聞こえる環境よりも、落ち着いた環境の方が穏やかに過ごせることも多くあります。

学校の中の先生　タブレットやスマートフォンなどの所有により、子どもたちは多くの情報の受け手になっています。動画視聴やゲームなど簡単な気分転換の時間が増えた分、対面での対人関係の経験が減り、自分の気持ちに気づきにくくなっている気がします。

いろいろな人がいて、そのときに応じていろいろな感情（マイナス感情も含めて）があることを認め合いながら、うまくいかないときがあっても少しずつ成長していくことができるのは、学校という場に先生がいるからこそだと思います。

13 友だちの輪に入れないルキアさん

ルキアさんは学校に行きたくない、休みたいと何度もお母さんに訴えていて、今度お母さんと先生で面談をすることになっています。学習は比較的できる方です。昼休憩にルキアさんは、子どもたちがいくつかのグループで折り紙、お絵描き、だるまさんがころんだなど、それぞれの遊びを楽しんでいる様子を見ていたり、図書館から借りてきた本を読むことが多いようです。

🎀 それぞれの立場

- **学級の子どもたち**

　ルキアさんは本を読むのが好きみたい。昼休憩には、よく図書館に行ってるよ。教室でもよく読んでる。どんな本が好きなのかはわからないけど……。

- **保護者**

　最近学校に行きたくないと言うのがひどくなってきています。以前から、言っていましたが、この前は大泣きして抵抗するので、次の日行くことを約束して休ませました。今度、先生に相談することになっています。

- **担任の先生**

　勉強もできる方だと思いますし、友だちと大きなトラブルもありません。本を読むのが好きなので、休憩時間は図書館に行ったり、本を読んだりしてゆっくり過ごしているようです。お母さんから連絡をいただいたのですが、何が原因かよくわかっていません。

子どもの立場

- **頭の中（思考理解）**

　学校に行きたくないない。勉強がわからないわけじゃないけど、楽しくない。家で本読んだり、テレビ見たりしてる方がいい。

- **気持ち（心情理解）**

　勉強もそんなに好きじゃないし、みんなで何かするのも疲れる……。気の合う友だちがいるといいんだけど……。

考えられる特性（特性理解）

　学校に行きたくない原因として、いじめや友だちとのトラブル、とても嫌なことがあった、勉強がわからないなどが最初に思い付きます。あまり大きく取り上げられない内容に、友だち関係の希薄さがあります。なぜなら、トラブルになっておらず、むしろ1人で好きなことをして過ごしている、あるいは1人が好きな子として認識されていることが多いからです。けれども、筆者がカウンセラーとしてこれまで子どもの話を聴く中で、「友だちはいらない」「1人がいい」と言った子どもはいませんでした。中には、過去のマイナス体験から、関わりを避けているという場合もありましたが、その状況でさえ、自分と気が合う友だちがいたらと心の底では思っていたようです。

　こだわり、社会的コミュニケーションの苦手さなどの特性により関係性が築きにくいということもあります。たとえば、こだわりであれば、友だちの概念がかなり限定されていることがあります。ある子どもは、「自分がしたい遊びをいつもしてくれて、どこに行くのも一緒で、趣味や気が合う」ような人が「友だち」だと教えてくれました。このような友だちは滅多に見つからないので、友だち作りが難しくなります。しかも、社会的コミュニケーションが苦手ならなおさらです。

 よく見られる対応

・担任の先生

　どうして最近学校に来たくないのか、理由を聞いていますが、本人は「わからない」としか言いません。理由がわかると対応もできるのですが……。保護者とは今度話をするのですが、ルキアさんには一度スクールカウンセラーに話を聞いてもらう予定です。

・子どもの反応

　どうしてかと聞かれてもわからない。楽しくないとしか言えない……。家がいいからとは先生には言わなかった……。

―――― **支援のヒントに向けた3つの視点** ――――

1）個別の関わり

　上述したように、どういう友だちがいたらよいかという友だちの概念を尋ねてみるのも1つです。いくつか実現が難しい条件を教えてくれた場合には「一緒にときどき遊ぶだけでも友だちなんだよ」と伝えるとよいでしょう。

　そして、気の合う友だちがいたらよいかどうかも尋ね、そういう友だちが欲しいという答えが返ってきたら、友だちと遊ぶよう促すだけでなく、そのよう

な関係づくりの苦手さを考慮し、最初のうちは教師が介在して友だちと関わることができる機会やきっかけを作ることも検討できるとよいと思います。

2) スキル

子ども同士をつなぐ関わりについて、いくつか提示します。実際にこれまで担任の先生にお願いして実施していただいた内容です。

・子どもの興味のあること、たとえば先生と一緒に図鑑を見たり、教室に飼っていたら虫や魚を見たり、折り紙をしたり、絵を描いて当て合ったり、クイズを出し合ったり、くじ引きを作ったりする。

そのうち、近くの子どもが数人集まってくると思うので、その子たちとみんなで騒ぎながら過ごせる時間ができるといいですね。次第に、先生がいなくても、ほかの子どもと話しているような状況が見られ始めたら、少し様子を見ることができるでしょう。

・子どもの好きな生き物をもってくる

生き物が好きな子どもはどこかに採りに行ったり、家で飼っていたりすることが多いようです。何匹も飼っていて、学校でも飼いたい場合は、ぜひもってきて学級の子どもたちで育てましょう。この生き物を中心に、ほかの子どもたちが話しかけたり質問したりするきっかけになります。共通の話題をもつことによって、関わりが苦手な子どもにつながりが生まれ、居場所感が感じられると素敵です。

3) 学級での関わり

学級の中には、おとなしくて、友だちに声をかけてもらうのをずっと待っている子や、なかなかお友だちが作れない子も一定数いると思います。そこで、実際に行った「**好きなもの集まれ大作戦**」を紹介します。

・好きなもの集まれグループを作る（ゲーム、音楽、ダンス、昆虫、ファッション、アニメなどなんでもOK）。
・各グループで、その内容を絵にしたり、実物を作ったりして発表する。

学級での取り組みで、さらに共通の趣味があるため必然的に集まって話も弾みます。また、この子はこんなことが好きなんだ、意外と話が合うかもということがわかり、友だち関係を作る場にもなるでしょう。

14 人目が気になり学校に行きたくないカイさん

カイさんは3年生の夏休み明けから行き渋りが見られましたが、冬休み明けに少しずつ行けるようになりました。4年生になって、始業式以降に再び学校から足が遠のいてしまいました。先日、久しぶり夏休み前の宿題を取りに放課後の学校に行ったときに校舎に残っていた子どもを見た途端、すぐに「家に帰る！」と言い出しました。

それぞれの立場

・学級の子どもたち
　カイさんは、3年生のときに同じクラスだったけど、休憩時間とかあんまり遊んだことがない。4年生になってからは学校に来てないから、わからない。

・保護者
　友だちは多い方でなく幼稚園でも最初行き渋りがあり、慣れてきたら行けるようになりました。入学後もかなり嫌がっていましたが、次第に慣れてきました。3年生の夏休み明けから行き渋りがあり、冬休み明けに無理に連れていくうちに行けるようになりました。今回はこれまでと違い、人目が気になり学校に行くのが怖いと言っています。

・担任の先生
　4月と5月は何度かお手紙を取りにきてくれたのですが、夏休み前の放課後に来たときは、校舎に入ってすぐ帰ったそうです。お母さんから電話があり、人目が気になるということで、学校から足が遠ざかっています。今、夏休みのことを検討しています。

子どもの立場

・頭の中（思考理解）
　最初は学校に行きたくないとう感じだったけど、今はちょっと無理っていう感じ。

・気持ち（心情理解）
　"行きたくない" から、"人に見られるのが怖い" っていうふうに変わってきてる気がする……。

第 2 章　中学年

 考えられる特性（特性理解）

　他者との関わりの苦手さによる、**集団活動への参加の難しさ**がありそうです。このような子どもは、集団の場にいるだけで、不安と緊張でかなりの疲れを感じるようです。幼稚園の自由遊びの時間に、何をしていいかわからない様子が見られることもあります。

　学校で大きなトラブルがあったわけでないにもかかわらず、"集団"という場に"いること"自体に抵抗があり、ストレスを感じている状態です。このような子どもは、活動内容にかかわらず、いたたまれない気持ちで1日耐えて過ごしていることも多くあります。

　少しずつ慣れていくしかない部分もありますが、そのような本人さえも言葉にできない気持ちを共有し、集団場面においても、安心できる場所や関係があることも大切です。

 よく見られる対応

・担任の先生

　少しでも学校に来やすくなるように、学校に行きたくない理由を何度も尋ねているのですが、それがよくわからず困っています。子どもが登校しない夏休みに、学校に来てもらうのはどうかと考えているところです。

・子どもの反応

　何が嫌か聞かれても困ってしまう……。学校にいると疲れるというか……最近は周りの目が気になって、よけい行きたくない……。

―――― **支援のヒントに向けた3つの視点** ――――

1）個別の関わり

　学校に足が向かない一定数の子どもの中には、大きな原因が思い当たらず、自分自身でもなぜこんなに行きたくないのかわからない場合も多くあります。たとえば、以下のような影響が考えられます。
　　・お母さんと離れたくない（分離不安：第1章、38ページ参照）
　　・身体不調（起立性調節障害：第3章、86ページ参照）
　　・集団場面での不安や緊張（発達特性における他者との関わりの苦手さ）
　　・家庭の大きな環境変化（心理的不安定）
　　・思春期のアイデンティティー（自我の確立）に向けた準備期間（エネルギーが枯渇している状態）

　共通していることは、本人にも周囲にも意識されにくいことかもしれませ

51

ん。そのため、子どもによっては、「何か理由を言わなきゃ」と必死になり、「給食が苦手」「体育が嫌」などいろいろ答えるのですが、配慮しても結局状態は変わらないということも起きてきます。まずは、子どもの言葉にならない思いに耳を傾け、いくつかの状態を想定しながら、子どもの不安に寄り添い、「学校にいると疲れる？」「集団の中にいるのは苦手？」「大人はどう？」などと少しずつ話を聴いていくことも必要かもしれません。

その後、「同級生に見られるとどういう気持ちになる？」なども検討します。

実際聴いた話では、「"どうして急に来たの？""なぜこんな時間に来るの？"と友だちに思われる気がする」と言った子どももいます。その後に、「そう思っていないかもしれないけど、そう感じてしまう」とも話してくれました。このような子どもの内面に生じる「葛藤」を聴くことはとても重要です。

2) スキル

学校という場に慣れていくために、「**不安階層表**」を子どもと一緒に作って、できそうなことから段階的に取り組んでみることも1つです。カッコの中はがんばり度です。たとえば、以下の表ができたとします。

少しならできそう ・正門タッチ（10） ・放課後職員玄関で手紙をもらう（20） がんばったらできそう ・放課後誰もいない図書室に行く（30）	かなりがんばったらできそう ・授業中別室でドリルをする（70） ・図書の時間に図書室に行く（80） ・教室で授業を受ける（90）

この場合、「教室で授業を受ける」というのはかなり高いハードルになっていることがわかります。

子どもの心理的負荷や不安度を上記のように視覚化し、子どもと話し合いながら少しずつ試してみることもできそうです。1つできたら、スタンプやシールなどを使ってがんばりを目に見える形にするのもいいですね。

3) 学級での関わり

学級でカイさんの立場になり、自分ならどうしてほしいかみんなで話し合ってみるのも他者理解や学級経営につながるでしょう。

15 質問を繰り返すユアさん

3時間目の理科の始めに先生が、中庭に行って、各自の鉢に水をあげてから観察スケッチを描くことを説明しました。そのあと、ユアさんが先生に、「今、曇っているけど雨は降らないですか」と尋ねました。先生は、雨が降ってきたら教室に戻ることを伝えました。教室を出るときに、またユアさんがやってきて、ペットボトルの水の量などを聞きに来ました。

🎀 それぞれの立場

・学級の子どもたち
　ユアさんはおとなしい感じで、あまり話したことがない。授業中に何度も先生に質問して、注意されることがあるくらい。

・保護者
　小さい頃からいろいろなことが気になって不安になるようで、家でも明日の授業や持ち物のことを何度も聞いてきます。

・担任の先生
　できることが多いのですが、心配になってしまうようです。とにかく質問が多く、一つひとつ丁寧に答えてあげたいのですが、そうすると時間がかかってしまい授業中もほかの子どもたちを待たせることになるので、少しずつ質問が減るとよいと思っています。

🍃 子どもの立場

・頭の中（思考理解）
　何をするのか細かく順番を知りたい。ちゃんとわかってからやれると安心して取り組めるから。先生に何度も質問するのはよくないと思うけど、そうしないとできない……。

・気持ち（心情理解）
　次に何をするのかわからないと心配でたまらなくなる……。よくわからずにとりあえずやって後で失敗するのもイヤだし……。

考えられる特性（特性理解）

　見通しをもちにくい傾向が見られます。その根底には、不安を抱えていることが多くあります。また、「全部わかってから始める」ことにこだわりをもち、それが不十分だと不安が生じるという循環を維持している可能性も考えられます。
　いずれにしても、一つひとつ確認しないと不安が解消されず、本人も落ち着かない状態が続きます。ただし、学級で授業を行っている場合は、一人の子どもから何度も質問を受ける時間が十分確保できません。このようなときは、根底にある不安に配慮し、少しずつ安心感を蓄積しながら、待つことができる経験を増やすことを目標にするとよいかもしれません。

 よく見られる対応

・担任の先生
　最初質問に来たときには答えるのですが、だいたいのことはそれほど重大なことではなく、ユアさんであれば少し考えたらできることがほとんどです。ですから、2回目に来たときには「後でね」と言って席に戻ってもらいますが、不安そうな顔をしてその後何度かまた質問に来ます。

・子どもの反応
　「後で」と先生に言われるけど、結局その後にいつ質問に行けばいいかわからないから、一度席に戻って少ししてから、また質問に行く。

支援のヒントに向けた3つの視点

1）個別の関わり

　①関わりの中で、安心感を育めるとよりよいと思われます。
　　・何がわからないのか
　　・することはわかるがやったことがないから心配なのか
　　・うまくできるかわからないから心配なのか
　不安の内容を言葉にすることで、不安を少し客観的に捉えることができます。そのため、最初は言葉にして一緒に整理できるとよいかもしれません。
　その後、どんな小さな不安でも、言葉にして伝えてくれたことに意味を見出し「それが心配だったんだね」と子どもの思いを受け止めます。
　小さなことに見えるかもしれませんが、心の底にある不安を言葉にし、先生にわかってもらうことは、少しずつ安心感を積み重ねる大切な関わりになります。

②もう一つの関わりとして、本人に聞いてみることもお勧めです。たとえば、ペットボトルに入れる水の量であれば、「どのくらいのお水があればいいと思う？」と聞いてみます。この場合、どのような答えでも「いいね、それでやってみよう！」と言って励ますこともできます。

"自分の考えでやっていいんだ"と少しずつ思えるといいですね。

2）スキル

不安の内容を2つに分けたうえで、スモールステップの使用について説明します。

①手続きに関すること

ルーティン化できるものは視覚化して子どもの近くの壁に貼っておく

②結果に関すること

「ここまでできたらいいよ」というような小さな目標を立てて、特に最初の頃は、少しできたこと、がんばったことをその場で、あるいは終わってから個別に承認するような言葉（「自分で考えてできたね」など）で認めていくことも有用です。

③その後

「やってみてどうだった？」と聞いてみるのもよいでしょう。小さな"できた！"が成功体験となり、少しずつ自信につながり、自分で"やってみようかな"と思えるとその後の子どもの成長にもつながります。

3）学級での関わり

ユアさんのように不安が根底にあって何度も質問に来る子どものほか、先生の説明を聞き逃している子どもも一定数いるでしょう。インクルーシブ教育として、学級全体でルーティン化できるとよい内容は、簡単なイラストと順番がわかるような視覚的手続きをどこかに貼ります（貼る場所がなければ、その活動をするときに貼る、電子黒板で表示するなど）。手順がわからなくて困っている子どもたちにとっても心強いツールになります。

16 愛着形成に課題があり同級生とうまくいかないミオさん

ミオさんはとても人懐っこく、1年生の登校時に校長先生が正門のところで立っていると、話したことがないのに「校長先生、だーいすき！」と抱きついてきたそうです。また、今の担任の先生にも、「先生、大好き！」とよく甘えてくるそうです。先生方は、ミオさんのことを明るく積極的に話しかけてくるので心配していませんでしたが、低学年のとき、友だちの筆箱を隠したり、いじわるしたりすることがたまにあったようです。

🌱 それぞれの立場

- 学級の子どもたち

　先生とかにはかわいい感じで話しかけてるけど、友だちの前ではなんかちょっと違う感じで、命令してきたり、仲間外れにしたり、いじわるなことを言ってきたり、怒ってたたくこともあって、この前もすごいけんかになってた。トラブルメーカーって感じ。

- 保護者

　以前はお手伝いなどもしてくれていたのですが、家でも最近親に反抗してくるようになって、私の言うことは聞きません。私も仕事で忙しく、学校で起こっていることなので、担任の先生には学校でなんとかしてほしいと伝えています。

- 担任の先生

　私の前では明るくてかわいらしい感じなのですが、友だちには違うようです。家庭環境に変化があったようで、そのあたりからいじわるや仲間外れにするような命令をしたり、攻撃的な口調で批判したり、ものを投げたりなど、結構大きなトラブルになっています。

🍃 子どもの立場

- 頭の中（思考理解）

　先生にも何度も注意されて、その度に謝ってるし、いじわるしたらいけないことはわかっているけど……。

- 気持ち（心情理解）

　いつも胸のあたりがもやもやして苦しい感じ。私なんて居ない方がいいのかな……。

第 2 章　中学年

 考えられる特性（特性理解）

　話したことのない校長先生に抱きつくなど、対人交流における距離感が過度に近い状態は、幼少期からの親子関係における**愛着形成**の不全が考えられます。学校現場では、愛着障害と表現されることもありますが、診断基準（APA, 2022）によると愛着障害には 2 つの種類が示されています。

　　・**脱抑制型対人交流症**：見慣れない大人に積極的に近づき交流する
　　・**反応性アタッチメント症**：苦痛なときでも慰めを求めずほとんど反応しない

　これらは 5 歳以前に明らかになります。上記 2 つは全く異なる状態を示しますが、幼少期のネグレクトを含む不適切な養育環境であったという点と、後の対人関係に大きな影響を及ぼすという点で共通しています。

　そのため、このような特性がみられる場合は、単に人懐っこい、おとなしいという性格だけでない大きな病理が隠されている可能性があります。このような可能性を感じる場合、日常生活のなかで少しずつ教師との関わりにおいて、安定した穏やかな関係を育んでいくことが子どもの今後にとって重要になります。

 よく見られる対応

・担任の先生

　明るい性格だと思うので、どうしてこんなに友だちにいじわるしたり、うまくいかないのかわかりません。繰り返し指導しているのですが……。

・子どもの反応

　自分でもいじわるはよくないってわかってるけど、なぜかしてしまう……。だんだんエスカレートしてきている気がして自分でも怖くなることがある……。

――――― 支援のヒントに向けた 3 つの視点 ―――――

1）個別の関わり

　このような子どもは、物事の善悪がわかっているにもかかわらず、友だちへの攻撃的な行動をやめることができません。そうなると、指導が入りにくく、同じようなことを繰り返してしまいます。

　時間はかかりますが、もう少し根本的な観点から、教師との安定した関わりを意識することも大切だと思います。ただ、ネグレクトなどの心的外傷経験も想定し、過去の経験を聞き出すのではなく、身体の状態や"今、ここ"に焦点を当てながら話を聴いていきます（**フォーカシング**）。「お友だちによくないことを言ってしまうときってどんな気持ち？　身体はどんな感じ？（胸のあたりがもやもやする、喉が詰まる、お腹に何か溜まっているなど）」。

57

子どもの話す感覚を大切に、その部分に意識を向けてみます。「その部分にもう少し気持ちを向けてみようか」。お互いゆっくり呼吸をしながら、静かで穏やかな時間をもちます。その後、「今、どんな感じ？」と聞いてみます。

　ただし、脱抑制型傾向のある子どもは大人の機嫌を取るために、「すっきりした！　悩みが全部飛んでいっちゃった！」などと言うかもしれませんが、時間をかけて少しずつ進めていくのがよいと思います。

　先生が実感できるような関係が形成されてきたら、過去にさかのぼるのではなく、"今、ここ"に焦点を当て、子どもの問題場面での気持ちや思いを一緒に共有していくとよいと考えます。

　この場合の目標は「安定した関係作り」になります。そっと寄り添いながら過ごす穏やかな時間が子どもにとって大きな慰めになるでしょう。

2）スキル

　「**気持ちカード**」を使用してみます。最初は種類が少ないものから、だんだん増やしていきます。

　子どものなかに生じる複雑な感情について、同時に複数枚のカードを指し示してもよいので、そのときの気持ちを少し言葉にする（できないときは教師が推察して言葉にする）

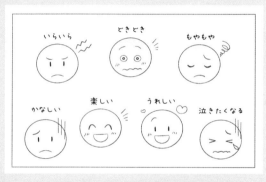

ことで、「自分の気持ちに気づいていく」ことを目指します。気づけるようになると、感情のコントロールが徐々にできるようになっていきます。

　「いじわるを言ってしまうときは、このカードのなかで、どんな気持ちに近いかな」「言った後はどんな気持ちに近いかな」「しばらく経ってからは？」など時間経過とともに聞いていくのもよいかもしれません。

3）学級での関わり

　ミオさんの指導以上に、言われたりされたりしている子どもの心のケアが大切です。どのように嫌な／辛い気持ちになったのかを十分に聴き、受け止め、「先生が付いているよ」と伝えながら、時間をかけて一緒に考え支えていく姿勢が子どもに安心感を与えると思います。

文献

American Psychiatric Association(2022). Diagnostic and Statistical Manual of Mental Disorders, Fifth Edition Text Revision, Washington, D.C.（日本精神神経学会　日本語版用語監修　髙橋三郎・大野裕監訳（2023）．DSM-5-TR 精神疾患の診断・統計マニュアル．医学書院．）

17 困っていることを伝えられないヒカリさん

休憩時間にヒカリさんは1人で自由帳に絵を描いている様子がよく見られます。絵を描くのが好きなのだと周りの子どもたちからは思われています。トラブルもなく先生も特に気になっていなかったのですが、最近学校に行きたがらないと保護者から連絡があり、ヒカリさんの話を聴くことになりました。

それぞれの立場

・学級の子どもたち
　おとなしくてあまり誰かとしゃべってるのを見たことがない。目立ってないから普段何してるかよくわからない。

・保護者
　家では少し話しますが、学校では友だちがあまりいないようです。保育所では仲良しの友だちが数人いたのですが、今は小学校が違うのでたまに遊ぶくらいです。最近学校に行きたがらず朝なかなか家を出られません。

・担任の先生
　友だちと話しているのをあまりみたことがありません。おとなしくてトラブルがあるわけではないのですが、学校ではいろいろなことがあるので、自分の気持ちを抑え込んでストレスが溜まっていないか心配しています。

子どもの立場

・頭の中（思考理解）
　楽しいことがないし、学校に何しに行くのかわからない……。

・気持ち（心情理解）
　すぐに行動するのも苦手だし、自分の意見を人前で言えないから、学校では嫌なことがいろいろあっても、いつも我慢してる……。だんだん辛さが増してきている感じ……。

考えられる特性（特性理解）

　コミュニケーションの苦手さ、対人的相互関係の苦手さなどの自閉スペクトラム症に関連した傾向が感じられます。自閉スペクトラム症の特性には、そのほかにこだわりなどがありますが、以前からいくつかのタイプがあると言われています。
　・積極奇異型：自分から積極的に関わりトラブルも多い
　・受動型：自分の思いを抑え相手に合わせる
　積極奇異型の子どもはトラブルが多く行動的に目立つのですが、受動型の子どもはトラブルも少なくあまり目立ちません。ですが、内面にストレスを溜め込み、それが蓄積され過ぎると周囲からは大きな原因が見当たらないのに急に学校に来なくなるといった状況が見られることもあります。
　行動表現からはわかりにくいのですが、特性傾向としては共通した苦手さをもっているので、特に注意して様子を見ていくことが大切です。

 よく見られる対応

・担任の先生
　対人関係の苦手さが気になることから、今後のことを考え、子どもに「自分から少し声をかけてごらん」「がんばって発表してみよう」「嫌なことがあったら言っていいんだよ」などの声かけをして行動を促すようにはしていますが、難しいです。

・子どもの反応
　先生はアドバイスをしてくれるけど、それができないから困ってる……。何も思ってないわけじゃないけど、自分の考えや気持ちを言うのが苦手だから……。

―――――― **支援のヒントに向けた 3 つの視点** ――――――

1）個別の関わり

　コミュニケーションが苦手で、自分の気持ちを抑え込んでしまいがちな子どもに対して、教師の関わりは重要です。
　　・まず、言葉で表現できない子どもの様子をよく観察する。休憩時間やグループ活動など、少しの時間でもよいので、子どもの表情（困った表情をしていないか）や動作（うつむいていないか、固まっていないか）などに注目してみる。
　　・困っているかもしれないと感じたら、そっと側に言って、子どもとその場から少しだけ離れ、今困っていないか、どう思ったか尋ねる。言えないようなら、「○○が嫌だったんじゃないかな」「先生だったら嫌だな」

などと気持ちを推察したり、代弁してみる。
- 少しでもうなづいたら、少し休憩するよう伝える（休憩できる場所の検討もする）
- 少し先でもよいので、どこかで時間を見計らって、紙を用意し一緒に「困った場面」について、何にどのように困っていたのか、検討してみる。
- 解決方法の前に、「困っていたときの気持ち」を共有するのもよい。
先生が「わかってくれている」という思いが安心感につながるでしょう。

2）スキル

「**困ったカード**」を使ってみます。

- 少し困ったとき、とても困ったときなど、合図としてわかる内容のカードやものを一緒に用意し、その場でなくてもよいので、先生に伝える。

これは、後の「助けを求める力（**援助要請**）」につながるでしょう。そのためには、困ったときに先生がほんの少しでも支援や介入をすることが、信頼関係にも影響すると思います。

3）学級での関わり

コミュニケーションの苦手さを抱える子どもにとって、他者との良い関わりをもつことはとても大きな経験になります。そのような場を作ることができるのも、教師だからこそできる教育的関与だと感じています。ほかにも関わりが苦手な子どももいるはずなので、何か活動するときに、席の前後の人、出席番号でペアなど、自然と話をする環境を作ることも関わりの機会になります。最初は、「物の名前当てクイズ」「趣味当てクイズ」（声を出さず口を動かしてお互いに当てる）など、課題や道具を使って簡単に言い合えるような取り組みも小さな関わりになります。

個別対応とスキルにより心理面での支援、学級での活動により社会性支援を経験していくことで、このような子どもの安心感の輪が少しずつ広がっていくような気がします。

18 隣の席の子どもの文房具を勝手に使うコトネさん

授業時間に、コトネさんは友だちの机の上に置いてある消しゴムや定規を何も言わずに使って、自分の机に置いたままにしていることがたびたびあります。隣の席の子どもが消しゴムを使おうとして、「返して！」というと無言で友だちの席の上に戻します。学級の数名の子どもがコトネさんと席が隣になることを嫌がっています。

それぞれの立場

・学級の子どもたち

　コトネさんってね、人のものを黙って使って返さないんだよ、ひどいよね。席が隣になった子は結構嫌がっているみたい。

・保護者

　目の前のことに集中すると周りが見えないみたいです。良く言えばマイペース、悪く言えば自分勝手と取られると思います。今後困ると思うのですが、家でどうしたらよいかわかりません……。

・担任の先生

　意地悪をしたりはしないのですが、周りの子どもたちの中には「自分勝手」とか「自己中」と言っている子がいるようです。人のものを勝手に使ってはいけないことを指導しているのですが、難しいのでしょうか……。

子どもの立場

・頭の中（思考理解）

　片付けが苦手だから、自分のものがどこにあるのかわからないことも結構ある。消しゴムもそう。消そうと思って見えた消しゴムを使ってしまっている感じ……。

・気持ち（心情理解）

　人のものを使うのはよくないとはわかってるけど、最後はちゃんと返すし、こっちが困ってるんだから少しくらい貸してくれてもいいのに。そんなに怒らなくてもちょっとくらいいいじゃん、ケチ、と内心思ってる。誰にも言わないけど。

第 2 章　中学年

 考えられる特性（特性理解）

　考えると同時に手が動いてしまうような**衝動性**、全体的な状況（**状況把握**）の理解が苦手で、相手の立場（**他者視点**）に立って物事を考えるのも苦手そうです。その結果、自分の"使いたい"という考えのみで行動してしまいます。

　子どもによく聴いてからになりますが、場合によって衝動性のほかに、「自分が困っている」「周りが助けるべきだ」という思い込みのような考えをもっている場合もあります。いずれにしても、今とは別の方法があることを示すことも有効です。具体的にはソーシャル・スキル・トレーニングを使ってみるのもよいと思います。以下に個人対応で関係を形成しながら、スキルを取り入れる方法を説明します。

 よく見られる対応

・担任の先生

　人のものを勝手に使うのはよくないことを何度も説明しています。理解力は悪くないので、どうして繰り返すのかわかりません……。

・子どもの反応

　目の前にあるからちょっと借りただけ。少しくらいならいいんじゃないかな。そんなに怒ることでもないと思うけど……。先生に注意されたら謝ってる。

支援のヒントに向けた 3 つの視点

1）個別の関わり

　子どもの指導は大切な教育の 1 つです。ただ、指導を繰り返しても変化が見られない場合は、いくつかの要因が考えられます。

　①発達特性（衝動性、対人関係の苦手さなど）によるもの
　②指導に納得できていない場合
　③自分よりむしろ相手が悪いと思っている場合
　④自分のしたことを悪いと思っていない場合
　⑤自分の中の「～すべきだ」という思い込みが強すぎる場合
　⑥その場での対応方法がわからない場合　など

　ほかにもいろいろ考えられますが、コトネさんの場合、②③以外の傾向は当てはまりそうです。最初に個別の関わりとして、本人の話を聴きながら、一緒に検討していくことを試してみてもよさそうです。

　「少しくらいならいいかなっていう感じかな？」など子どもの本音を少しずつ引き出していきましょう。ここでは「本音を聴く」ことに集中します。そ

63

の後、一緒にどうしたら友だちと仲良くしながら借りることができるかについて子どもからも意見を出させてみます。場合によっては、思いもかけないようないい考えが出されることもありますが、実行が難しいことの方が多いので、スキルも併用してみます。

2）スキル
「貸し借りのソーシャル・スキル・トレーニング」

「貸して」と伝えることで、相手が貸してくれる経験を積む練習をしていきます。こんなことまでと思われるかもしれませんが、社会的スキルが不足しているからこそ起きる問題も多くあります。このスキルを重ねていくことで、人との関わりが増えることも目的の1つになります。

・最初は先生が間に入って、一緒に「貸してって言ってみようか」と誘導します。相手は貸してくれそうな子だとベストです。
・貸してもらったときに、「ありがとう」と言う練習をします。
・最後に、返すときのスキルです。相手の方を見て、ゆっくりと優しく（丁寧に）、鉛筆なら尖った方を自分の方に向けて「ありがとう」と練習します。

実際にこの練習を何度かするうちに、トラブルが減った子どももいました。お礼を言う場面が具体的によくわかってない子どもも意外といます。「ありがとう」は人と人とをつなぐ言葉ですね。

3）学級での関わり

これを機に、「言われてうれしい言葉」を学級で出し合うのも素敵です。隣の席の子ども同士、自分が「言われてうれしい言葉」を相手に言う練習をしてから、1日1回その言葉を誰かに言うという課題や、言われた人からの感想を聞くのもよいと思います。

先生も言われてうれしい言葉　子どもたちだけでなく、先生がその仲間に入るのもいいですね。先生にかけてくれた言葉を紹介し、先生が感じた気持ちを子どもたちに伝える、先生も子どもたちの何人かに「言われてうれしい言葉」をかけてみるなど。自分の言葉を一番最初に近くで聴くのは「自分」ですから、先生ご自身にも聴かせてあげてくださいね。

19 学校で話せないアオイさん

アオイさんは遊ぶ友だちも数名いて、勉強もがんばっているのですが、人前で話をすることがほとんどありません。休憩時間は保育所から仲良しの3人で遊んでいて、ときどき小さな声で話している様子です。先生やほかの同級生と会話をすることはなく、何か尋ねると首を小さく振って応答して、意思を示します。授業中、ノートをとっていますが、発表はできません。

それぞれの立場

・学級の子どもたち

　アオイさんの声を聞いたことはないよ。休憩時間は友だちと一緒に遊んでるけど、授業中に当てられると黙ってる。何か聞くときには、はい、いいえで答えられるようにすると、うんとかううんとかしてくれるから考えていることはわかる。

・保護者

　保育所のとき先生に「園でアオイさんの声を聞いたことがないんですけど、家ではどうですか？」と聞かれて初めて外で話をしないことに気づきました。家では弟と騒いだりけんかしたり、私にもうるさいくらい話しかけてくるので最初は信じられませんでした。少しずつ慣れると話せるのかなと長い目で見守っています。

・担任の先生

　周りの子が優しいので、発表ができないこと以外、とても困っていることはありません。全員役が割り当てられてセリフを言うような行事では、複数人で言うような役になってもらい、言わなくても参加できるようにしています。ただ、今後のことを考えると少しずつでも話せるように練習していきたいと思っています。

子どもの立場

・頭の中（思考理解）

　学校で友だちと遊んでいる時間は楽しいけど、授業中に発表するのは難しい。

・気持ち（心情理解）

　学校はどうしてかわからないけど、少し怖いし、声を聞かれるのが恥ずかしい……。

考えられる特性（特性理解）

　ほかの状況で話ができるにもかかわらず、特定の社会的状況（園や学校など）において話すことが一貫してできない場合、**場面緘黙**と呼ばれます。これは診断名ですので、医師の診察により特定されます。この疾患は、不安症に分類されていて（APA，2022）、根底に不安がある状態と規定されています。

　この状態の課題として、人との交流が制限されることで学校での活動参加や、社会的状況で言語を使用しないことにより社会性発達にも影響を及ぼすことが指摘されています。このような子どもは、学校で自分の存在が、まるで暗いステージの上で1人だけスポットを当てられているかのような不安感をもっているとも言われます。このような状態の根底に不安があると考えるとき、話すことを目標にする以上に、先生との関係を含めて、学校の中で安心感をもてるようにすることを優先することも大切だと考えます。

よく見られる対応

・担任の先生
　少しずつ話し合いや発表ができるように、ときどき当ててみたり、「がんばって少しでも言ってごらん」と声をかけたりしています。授業内容もわかっていると思うので、なんとか声が出せるように工夫しながら進めています。

・子どもの反応
　先生に言われて声を出そうとしてみたけど、やっぱり無理……。それでどうしたらいいかわからなくなって、固まってしまう……。自分でもよくわからないけど、学校では声が出せない……。

支援のヒントに向けた3つの視点

1）個別の関わり

　言語的な遅れがないにもかかわらず、社会的な場で話せない状態のとき、その根底に不安があることを十分理解する必要があります。その場合、教師との関わりを通して、学校が安心できる場所だと子どもが少しでも感じられることを当初の目標にすることも大切だと思います。なぜなら、話さないことで自分と外の世界との殻を保ち、なんとかその場にいることができているとも考えられるからです。

　外の世界との殻を壊して話すことを促すよりも、雛のように少しずつ自分から出てくるような過程をイメージするとわかりやすいかもしれません。子どものペースで、少しずつ……。

そのために、教師ができる関わりをいくつか挙げてみます。
- さりげなく、日常的な内容をそっと話しかけてみる（「外が曇ってきたね」）
- 困ったことがないか尋ねる（「困ったことがあったらこのカード（や合図）を出して教えてね」）
- 放課後、一緒にトランプをする（言葉を使わず交流できる）
- 顔を見てやさしく微笑む　など

2）スキル

このような特性をもつ子どもは言語能力が低いわけではないので、自分の考えを文字として書いてくれることもあります。

- 話をするときに、ホワイトボードや紙を用意する
- 先生の質問に文字で答える

自分を表現すること全般が難しい場合には、媒介物を使用してみるのもよいでしょう。

- 子どもと先生でぬいぐるみやパペット人形などをそれぞれが持つ
- 先生の話に対し、子どもは持っているぬいぐるみやパペット人形などを動かして応える

意外にも、多くの反応を示してくれることもあります。話ができなくても、豊かな感情やしっかりした思考力をもっていることも多いと感じています。

3）学級での関わり

このような特性をもつ子どもは、社会的場面での不安や緊張が大きいため、学級の雰囲気にもとても敏感です。教師がほかの子どもを大声で指導しているのを聞くのも辛い場合があります。その場で指導せざるを得ないような状況も多くありますが、4月当初だけでも学級全体が穏やかに過ごせるよう、あるいは厳しい指導は該当児の取り出しなどで対処します。

どうしても学級全体への厳しい指導を行う場合には、その前に不安を抱える子どもに保健室やほかの場所で少し休憩を促すか、事前に全体指導をするがそれはできているアオイさんに言っているわけではないことを伝えておくのも1つです。ずっとではなく、安心感の度合いを見ながらになると思います。

文献
※ 58ページ参照

20 パニックになるシンさん

1学期に作った図工の作品を夏休み前に各自袋に入れてもって帰ることになりました。シンさんは、ほかの子どもたちと一緒に紙で作った手提げ袋に作品を入れていたのですが、突然「なんで入らないんだよー！」と大きな声を出して、その後持っていた作品を投げながら泣き始め、パニック状態になってしまいました。周りの子どもたちは、何が起きたかわからず驚いてシンさんの様子を見ています。

それぞれの立場

・学級の子どもたち

　急に大きな声で叫んで作品を投げ始めるから驚いちゃった。それまでは作品を袋に入れようとしていたと思うんだけど……。せっかく作ったのに、急にどうしたのかな。

・保護者

　自分の気に入らないことがあると最近よくパニックになって、泣き叫んでいます。始まると1時間以上は続くので、機嫌を損ねないように、腫れ物を触るような感じで過ごしていて、家族も疲れています……。

・担任の先生

　家でも学校でも、パニックになることが増えているようです。その後も泣き叫んで落ち着くまでにかなり時間がかかります。嫌なことを言われたとかされたというわけではなく、何がきっかけか周囲はわからないので困っています。

子どもの立場

・頭の中（思考理解）

　どうしたらいいかわからなくなると、頭の中が真っ白になって自分でも何してるのかわからなくなってしまう……。

・気持ち（心情理解）

　パニックになるとしばらく続いて、最後は泣き疲れて終わるという感じでぐったりしてしまう……。こんなふうになりたくないのに……。

第 2 章　中学年

 考えられる特性（特性理解）

　物事に対して、自分のなりの**こだわり**や、こうあるべきという**べき思考や完璧主義**のような傾向があるかもしれません。同時に考えたいのが、自分の思いを周囲に伝えることができず、ストレスを溜め込んでいる場合です。本人は言えない分、無意識のうちに、「察してほしい」と思っている可能性もありますが、それはとても難しいことです。やはり、自分の気持ちに気づき、周囲に伝える必要があります。

　ただし、なかなか言えないために生じている状況でもあると考えると、「言ってみて」と声をかけても難しいと思います。その場合、教師が子どもの気持ちの表現を促していくことから始めてみるのも1つです。

　ふだん見ている様子とは違い、思いもかけないところでいろいろ考え、それを抑え込み、本人なりに我慢していることもあります。

 よく見られる対応

・担任の先生
　急に起こるので、パニックになった後すぐに「どうしたの？」「何かあったの？」と声をかけますが、そのときにはすでにわけがわからなくなっているようで、何も答えないですし、手がつけられず困っています。

・子どもの反応
　先生や周りの人が何か言ってくれてるみたいだけど、全く聞こえていない……。何も考えられない感じ……。

―――――― **支援のヒントに向けた 3 つの視点** ――――――

1）個別の関わり
　いくつかの特性が考えられますが、共通していることは、「自分の思いが伝えられない」ということでしょう。周囲からすると、気にも留めないようなことが気になりストレスとなっていたり、いろいろなことを我慢していたり、不満や怒りが蓄積されていることもあります。つまり、"本人にとって"どのような思いが溜まっているかということを理解していくことが大切になります。

　それには、パニックの起こった後ではなく、前の段階である日常生活での関わりに目を向けていきます。
　　・子どもの表情を観察する
　　・最近だと、どのようなときに嫌だなと思ったか尋ねる
　　・嫌だと思った過程を要求や捉え方を含めて尋ねる

誤解や思い込みがあったとしても、「理解の段階」として、最初の1ヵ月くらいは話を聴く過程を通して、言葉にしていくことで、教師や子ども自身にも気づきが生じることもあるでしょう。この「聴く段階」を共に過ごすことが、子どもにとってかけがえのない時間となる気がします。

2）スキル

　子どもの捉え方を聴いたうえで、「**イライラの温度計（16ページ）**」とともに「**アイデアメモ**」を作ってみます。

　①「イライラの温度計」
　・頭が真っ白になるときを10
　・イライラが感じられる数字（たとえば6）になったら、先生に知らせる
　②「アイデアメモ」
　・イライラした場面（たとえば、図工の作品が袋に入らなかったとき）で、どう思ったか（入らない！　もう嫌だ！）
　・頭が真っ白になる前にほかにできることは何がありそうかを子どもに聞き、メモする（たとえば、先生に言いに行く、作品を少し分解して入れる、友だちに聞く、協力を頼むなど）

　アイデアメモなので、なんでも自由に想像するだけでOKです。気持ちの言語化とともに、状況を俯瞰すること、別の見方や方法があることを先生と共有し、（その後実行できなくても）アイデアをほめてもらうのも子どもにとってよい時間だと思います。

アイデアメモ
頭が真っ白になる前に、ほかにできること☆
・先生にこまっていることを言いに行く
・もう少し大きなふくろがないか先生に聞きに行く
・友だちの入れ方を見てまねをする
・友だちに協力してもらう
・作品を少し分かいして入れる
・あきらめて、手でもって帰る

3）学級での関わり

　子どもたちは、先生の様子や周りのことをよく見ています。先生が「困った子」と思うとき、子どもたちにとっても同じ印象や対応になります。先生が、共感し一緒に方法を検討していると、子どもたちも見守り、やさしい声をかけることが少しずつ増えるように思います。先生は偉大ですね。

　誤学習　たとえば、パニックになってしまった後に過度に関わりを増やすと、最初は我慢できない思いの爆発がきっかけだったのに、次第に注目（声かけなど）を得る手段となる場合があります（誤学習）。子どもの状態をよくみて、落ち着いてから話を聴く過程で一緒に考える体験ができると、今後につながる気がします。

21 勝負にこだわりすぎるモエさん

算数プリント、漢字ドリルやテストなど、モエさんはだいたい1番に先生のところに持っていきます。すべて正解ならよいのですが、字は雑で間違いがいくつもあります。1番に出すために急いでいるようです。昨日は、モエさんより早く出そうとした子を押してしまいました。ころんだ同級生が泣くと、モエさんは「だって、1番になりたかったんだもん……」と言いました。

🌱 それぞれの立場

・学級の子どもたち

　モエさんは1番じゃないと気がすまないみたい。いつも急いで先生のところにいろいろ持っていってるよ。1番がいいのはわかるけど、必死過ぎてちょっと浮いてる。

・保護者

　何かにつけて、1番にこだわります。全部が1番になれるわけはないので、2番でもいいよ、がんばってたらいいよと言うのですが……。

・担任の先生

　勝負にこだわり過ぎていて、周りから浮いています。1番でないときには、かなり機嫌が悪くなり、次からもうしたくないと言います。この前、運動会の学級対抗リレーで抜かれてしまった子がいたのですが、その子を後で責めていたので、指導しました。それで、どこまでわかっているのか……。

🍃 子どもの立場

・頭の中（思考理解）

　何でも1番がいい。1番になると周りにすごいねってほめてもらえるから。

・気持ち（心情理解）

　1番じゃないと負けてしまった、ダメだった……って嫌な気持ちになって、腹が立ってきて、イライラしてくる……。

考えられる特性（特性理解）

　勝負に対する**こだわり**が感じられます。また、他者との**コミュニケーションの苦手さ**があり、チームの活動でも相手を責めたりしています。仮にそう思ったとしても、思ってしまったことは取り消せないですし、それ自体は自由なのですが、言葉に出して相手に直接言うことで傷つけてしまいます。**社会性**の課題もありそうです。

　こだわりを急に改善することは難しいため、少しずつになりますが、最初に、子どもの「勝ちたい！」「1番になりたい！」という気持ちを受け止め、1番でなかったときの「行動」を、その「結果」と結びつけて検討し、子どもにどうしたいかを選択させるという方法も考えられそうです。

　これをしたら改善する、というより、子どもに合った方法を一緒に模索していく過程で子どもを理解しながら進める方が結果的にうまくいく気がします。

 よく見られる対応

・担任の先生
　1番を目指すことは良い目標だと思いますが、目標に振り回されて周りが見えなくなっているので、「1番じゃなくていいよ」と伝えていますが……。

・子どもの反応
　1番じゃないと嫌だからがんばってるのに、何が悪いの？　がんばることはいいことだってこの前も先生言ってたのに。先生の前では「はい」って言ってるけど……。

支援のヒントに向けた3つの視点

1）個別の関わり

　このような子どもは、1という数字にもこだわりをもっていることもあります。その場合、「早いこと」が「いいこと」だという価値観にもつながります。最初に、1番でなかったときの気持ちについて聞いてみます。

　・「嫌だ」「くやしい」「腹が立つ」「イライラする」「許せない」

　いろいろ出てきたらとてもいいです。その後の行動を尋ねます。

　・「文句を言う」「筆箱を机の上に投げる」「チームの友だちを責める」「1番になった人を睨む」

　それぞれの「行動」がどういう結果になるか、一緒に検討してみましょう。

　・「文句を言う」→聞いている人が嫌な気持ちになる

　・「筆箱を机の上に投げる」→周りの人が驚く

・「チームの友だちを責める」→言われた人は悲しくなる（遅く走りたい人はいない）

・「1番になった人を睨む」→睨まれた人はがんばったのに嫌な気持ちになる

すべての結果は「周りの人が嫌な思いをして、友だちが減る」ということにつながることを、少しずつ確認できるとよいと思います。本人が「それでもいい」という場合もありますが、そのときには、「先生はモエさんが学校で楽しくすごしてほしいのと、将来社会に出てから困るのが嫌だから少しずつ違う行動も試してほしいな」という程度にとどめます。

コミュニケーションや社会性に課題があるときには、「相手の気持ちを考えてごらん」と言われても、場合により「なんとも思わない」と言ったりします。

ここでのポイントは、気持ちを聴くこと、「行動」と「結果」を検討する過程で教師と関係を形成しながら、一緒に考えていくことです。次に、ほかの「行動」パターンをいくつか考え、子どもに選ばせます。選んだことを少しでも実行できたら認めることも2つ目のポイントになります。

2）スキル

「**気持ちノート**」を作って教師と共有してみます。目的は、嫌な気持ち（たとえば、1番になれなかったときの気持ち）を十分言葉で表現することです。この気持ちが適切に表現できないために、不適切な行動として現れてしまうこともあります。

気持ちノート

・場面：
運動会のリレーのとき、それまで1番だったのに、Aさんがおそくてぬかれてしまい3位になった

・気持ち：
Aさんがもっと速く走ってくれたら1番になれたのに、ゆるせない！
はらが立つ！悔しい！負けたくなかった！
Aさんのせいだ！

・1番になれなかったときの場面を書く

・どのような気持ちになったのか、感じたことをできるだけたくさん書く

・書いた内容を先生に見せる

先生のコメントは、「気持ちを書いてくれてありがとう」「こんな気持になったんだね」などにとどめ、否定せずに受け止めの言葉を伝えます。

3）学級での関わり

順位の1番と、努力を続ける個人の1番は違います。子どもにも、「本当の1番」は、人より早いことではなく、自分が努力したことが前の自分と比べてどうだったかを考える人のことだよなど、先生の考えや、子どもから意見を聞いたりして共有するのも学級経営に役立つと感じます。

22 ひといちばい敏感なカヨさん

カヨさんは休憩時間に外で数名の友だちと楽しそうに遊んでいましたが、教室に戻ってきて自分の席に座っている間にだんだんうつむいてしまい、その後涙を流していました。数名の子どもが心配して様子を見に来ています。「何か嫌なことがあったの？」と聞かれても、何も言わずに涙を流すばかりです。

🌱 それぞれの立場

・学級の子どもたち
　　さっきまで外で友だちと遊んでたけど、別にけんかしたりしてなかったよ。第一カヨさんは優しいから誰かとけんかしたりとかはしないと思う。どうしたんだろう……。

・保護者
　　最近朝、学校に行き渋っています。家では妹とけんかしても泣かされていますし、学校でもよく涙が出るようで、これから先いじめられないかと心配しています。学校は、給食の牛乳が苦手で先生に飲ませないよう頼んでいますが、栄養が偏ると言われて難しいようです。この前インターネットで見たのですが、発達障害じゃないかと心配になっていて、今度病院を受診する予定です。

・担任の先生
　　これまでも何度か行き渋りがあったようです。牛乳が苦手とのことですが、栄養面を考えると少しずつ馴れていってくれたらと思っています。よく涙が出るのですが、自分の中に溜め込んでいるものがあるようです。カヨさんに何があったか聞くのですが、首を振るだけでこれまでほとんど答えてくれたことはありません。

子どもの立場

・頭の中（思考理解）
　　鬼ごっこのときにも、強い女子に「カヨさん鬼ね！」と毎回言われて自分が嫌なことを人にやらせるなんてひどいと思う。

・気持ち（心情理解）
　　嫌だって言いたいけど、言われた子は悲しい気持ちになると思うと言えない……。

第 2 章　中学年

 考えられる特性（特性理解）

　相手のことを過度に考え、自分の気持ちを抑え込んでしまう傾向が見られます。とても繊細で、周囲の状況や思いに敏感です。
　このような状態は「ひといちばい敏感な子（HSC：Highly Sensitive Children）」と呼ばれることもあります。これは疾患名ではないため、傾向として周囲が理解できるとよい内容になります。環境感受性という中に、低中高3つのグループの存在が示されており、HSCはその高いグループに属しています。このような子どもは、取り立てて大きなことに見えない状況についても人知れず悩んでいることが多くあります。自分の思いを伝えることに対し、相手の気持ちを考えると躊躇してしまい、いろいろな思いを抑え込んでしまいます。積み重なると、心の容量がいっぱいになり、涙となって溢れてくるのだと思います。

 よく見られる対応

・担任の先生
　高学年になったんだし、少し先だけど中学にも行くんだから、悲しいのはわかるけど、泣いてばかりでなく言葉で先生に言ってごらんと励ましていますが、困った状況になると涙が出るばかりで話ができません。泣いているだけでは周りの人は理解できないので、自分の言葉で伝えられるといいのですが……。

・子どもの反応
　言いたい気持ちはあるけど、親に言ったら先生に絶対言うし、先生に伝わったら相手の子にも伝わるから、言いたくない。それに、言われたら相手の子も嫌な気持ちになると思うから……。

―――――― 支援のヒントに向けた 3 つの視点 ――――――

1）個別の関わり
　　ASD と HSC の違いを検討してみます。

ASD（自閉スペクトラム症）	HSC（ひといちばい敏感な子）
全体の状況把握や他者の視点に立って考えることに困難さがある。	全体の状況把握や他者の視点に立って考えることはできるが、それらを敏感に感じ取りすぎて悩みが大きくなる。
相手の気持ちの共感が難しい。	相手の気持ちを考え過ぎてしまう。
目に見えない自分の気持ちに気づきにくく、抽象的な内容を自分の言葉で表すのが難しい。	自分の気持ちに気づいているが、それを伝えることによる相手への影響を考えると躊躇してしまい、言えない。

HSCはASDの子どもと感受性におけるタイプが違うので、対応も少し変える必要があると思います。たとえば、HSCの場合、気持ちに気づかせたり、全体の状況理解を促すことが目的ではなく、信頼できる大人に"気持ちを聴いてもらう"だけで大きな慰めになります。そのためには、ある程度の守秘義務の約束とともに、もしほかの人と共有する必要がある場合は、本人の了解を得て内容を検討するとよいでしょう。
　　これまでの筆者の経験から、誰にも言えなかった思いをそっと誰かに打ち明けることで、気持ちが落ち着くと感じる子どもがいます。話し終えた後のほっとした表情から伝わる気がします。

2) スキル
　　このような子どもは、周囲の環境についていろいろなことを敏感に感じ取っています。先生から「何かあったらいつでも言いに来てね」と言われても、"少し話したいけど、先生は忙しそうだから……"と遠慮してしまうこともあるでしょう。そのため、先生から様子を見て声をかけるとよいと思います。

　　HSC傾向のある子どものお母さんもまた、周囲の環境に敏感な可能性があります。子どもは年齢が低いほど親の反応を見て、状況を判断しがちです。4月当初から、お母さんが安心できるような伝達を含めて関わりを少し増やすことで、子どもの安心感にもつながると思います。お母さんが心配事を先生に伝えてくれるようになるといいですね。まずは話をお聴きして、お母さんの心の安定を大切にします。そして、親子で少しずつ学校が安心できる場になることを目指します。

3) 学級での関わり
　　泣くことは大切なことだと感じています。言葉にならない思いが溜まって、涙となって出てくるのでしょう。年齢が上がるとリストカットなど血の涙に変わることもあります。どの学級にも自分の思いが言えない子どもがいます。
　　一方的な子どもは相手への影響を考えていない場合も多いため、学級全体でいろいろな場面を想定し多様な意見を出し合う中で、先生らしい学級が作られていくのだと思います。

第 2 章　中学年

コラム 2

ASD 児のための構造化（TEACCH）

● TEACCH プログラム

Shopler（ショプラー）博士が考案した TEACCH プログラムをご存じでしょうか。TEACCH は、Treatment and Education of Autistic and related Communication-handicapped CHildren の略で「自閉症及び関連するコミュニケーション障害をもつ子どもたちのための治療と教育」を意味します。自閉症の人やその家族の生涯にわたる生活の質を向上させることを目的としています。

● TEACCH の技法

TEACCH の技法は、個人の得意なものや好奇心に基づいて、いろいろな状況で自立的に活動できるためのものです。そのため、視覚的援助や手がかりは補助的な道具として考えられています。大切なのは、子どもを周囲に合わせるように矯正するのではなく、その子らしく生きられるために、周囲が本人の得意やできそうな内容にアプローチすることです。TEACCH では、「障害をもつ子ども」ではなく「独自の文化をもつ子ども」と捉え、子どもの考え方を尊重しています。

● 構造化

構造化とは、子どもの特性を理解したうえで、子どもが理解しやすい環境を整えることです。視覚化しながら、子どもの状況に合わせて作成していきます。

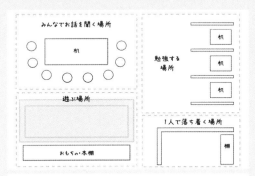

● 物理的構造化（活動場所の構造化）

活動と場所を 1 対 1 で対応させて、境界線を明確にします。たとえば、活動する場所を決めて、1 つの場所で 1 つの活動を行うなどです。

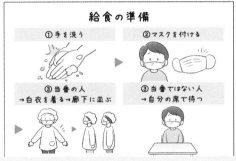

● 時間の構造化（スケジュールの提示）

いつ、何をするのかを具体的に示します。たとえば、低学年であれば給食の準備を視覚化して共有することで、言葉で何度も指導しなくても子どもがそれぞれ確認することができます。

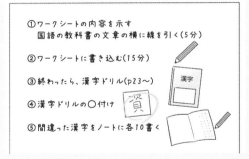

● 活動の構造化（ワーク・システム）

何を、どのくらい行うのか、そのあとの展開も含めて知らせます。たとえば、国語のワークシートを行うとき、その順番と時間とともに、終わったら何をするかも提示します。

● 視覚的構造化

自分のことを伝えることが苦手な子どもに対して、会話以外に写真やイラスト、文字などを通して伝達する方法です。たとえば、イライラの温度計（16ページ）や気持ちカード（58ページ）などもその1つです。

代表的な構造化は上記4つですが、そのほかにも効果のあった構造化を紹介します。

● 行動の構造化

スクールカウンセラーとして、暴言・暴力が多い子どもに対して、良い言動、悪い言動を視覚化し、そのような行動が見られたときに、ラミネートを貼ったカードに小さなシールを貼って、行動を視覚化したこともあります。

子どもの苦手や得意、そして特に好きなものやキャラクターを把握することも大切です。子どもと話しながら、興味をもっていることやものなどを知ることから始めます。

次に、それぞれの子どもに合った簡単なカードや、学級全体に取り入れる場合は模造紙や電子黒板などで提示するとよいでしょう。インクルーシブ教育にも通じますが、発達特性が見られる子どもへの支援を学級で行うことは、活動がわかりにくい子どもにも有用です。

本書でも、随所にこのような考え方を取り入れ、気になる子どもを理解したうえで構造化したスキルを提示しています。

第 3 章

高学年

23 人のことは批判するのに自分はできていないヒロさん

休憩時間にヒロさんとゲーム好きの同級生が3人集まり、ゲームの話題で盛り上がっていました。そのとき、別のゲーム好きの同級生が近づいてきて、3人の側でじっと立っていました。それに気づいたヒロさんは、「なに盗み聞きしてるんだよ」と言いました。それを聞いた2人の同級生は顔を見合わせました。これまで何度も、自分たちとほかに数名の友だちで話しているとき、ヒロさんがすぐ近くに立って話を聞いていて、「やめて」と言っているのに続けていたからです。

それぞれの立場

- 学級の子どもたち

　ヒロさんって、人のことは結構言ってきたり、注意したりするくせに、自分は同じことしてるんだよね。聞いてて腹が立ってくる。

- 保護者

　担任の先生から、友だちのことを批判することが多いと言われたので、家でもそのようなことはしないように何度も言い聞かせています。

- 担任の先生

　人のことをよく批判するのですが、自分はできていなかったり、同じことをしていたりするので、同級生からひんしゅくを買う場面もあります。その理由がわからないようで、自分ばかり注意されると逆に腹を立てています。何度言っても伝わらないというか……。どう説明したらよいか困っています。

子どもの立場

- 頭の中（思考理解）

　どうしてほかの人と同じことを言っても、自分だけ注意されるかわからない。周りが勝手に怒ってくる。

- 気持ち（心情理解）

　先生もだけど、どうして自分ばっかり言われるかと思うと腹が立ってくる。注意するなら友だちも平等にしてほしい。

第3章　高学年

 考えられる特性（特性理解）

　　全体の**状況把握**と**他者視点**の取得が難しそうです。具体的にはこの場合、自分が同級生の話を側で聞いているときに相手はどのように感じるか（他者視点）、自分が「やめて」と言われたときの一連の流れ（全体の状況把握）が適切に把握できていないといえます。ヒロさんの視点のみで見てみると、「面白そうな話をしている」「ちょっと聞いてみたい」「聞こえやすいように近づいてみた」だけ、ということになりそうです。そのため、ヒロさんからすると、悪気がないので「やめて」と言われるのは、何も嫌なことをしたり言ったりしていないため、心外であり、「なんで？」となり、だから腹を立つのでしょう。

　　この点も同級生からすると困るのですが、より理解が難しいのは逆の立場のときです。自分と同じ行動をした同級生には、「そうだよね、聞きたいよね。一緒に話そう」ではなく、「なに盗み聞きしてるんだよ！　あっち行け！」と怒って言っています。これは、全体の状況把握と他者視点の取得の難しさにより、他者から見た自分の状況がわかりにくい状態につながっていると考えられます。

 よく見られる対応

・**担任の先生**

　　友だちが嫌がっていることを具体的に伝え、自分が相手の立場だったらどう思うかを聞くようにしています。そうすると「別になんとも思わない」などと言うのですが、実際、逆の立場になったときには結構怒っていたとほかの子どもから聞いています。学級内では自分勝手というイメージが定着しつつあり、対応に困っています。

・**子どもの反応**

　　何も悪いことしてないのに、先生や周りから注意される。もうこのクラス嫌だ。

―――― **支援のヒントに向けた3つの視点** ――――

1）個別の関わり

　　このような子どもは、物事を一面から、具体的には自分の視点から捉え行動することで、周囲には自分勝手に振る舞っているように見えても、実はかなりのストレスを抱えている場合があります。そのため、子どもの「見方」と「気持ち」を聴いて、子どもの考え方を知ることから始めなければ、"先生は注意ばかりしてくる敵"という存在のままだと、先生の話を"聞きたくない"という状態での話し合いになってしまいます。

　　物事を一面からのみ見るタイプの子どもは、さらに、「正しいか間違っているか」「良いか悪いか」「敵か味方か」というように**二極化**して判断しがちです。

81

その中間もあると考え直すことはとても苦手です。

そのため、最初に状況を聞きます。

① 「どうしたの？」→自分の視点からのみの状況説明になる可能性

② 「それでどう思ったの？」→相手がいかにひどいかを訴えてくる可能性

➡ 次の応答の目的は「子どもの味方になること」です

③ 「それは腹が立ったね」「嫌だったね」→さらに訴えてくる可能性

④ 「先生でもそれは腹立つよ」

➡ ここまでが受容的関わりになります。その次に、

⑤ 「自分でも何かよくなかったことはない？」→最初は「ない」という可能性

場合により、③④を繰り返しながら、⑤を問いかけていく。

⑥ 何か１つでも出た場合、「よく気がついたね」→説明や今後の行動は「味方」になってから一緒に考える

2) スキル

子どもの話を聴くとき、その場面について簡単な絵で示す「**場面カード**」を使うこともできます。

「①最初に、本人の思い/考えを吹き出しに書く」「②次に、周囲の子どもの思い/考えを吹き出しに書く」「③②が本人から出ない場合、以前言われたこと、最近先生が聞いたことなどを簡単に書く」

場面の視覚化は、客観的に自分を含めたそのときの状況について眺めることに役立ちます。自分だけの視点からしか物事を見られない特性を急に改善するのは難しく、「味方」である先生と一緒にどういう言い方ができるのかを検討しながら、場面ごとに考えていく経験を重ねる必要があります。

3) 学級での関わり

学級の一定数の子どもたちが我慢していることもあります。そのような子どもたちに先生が声をかけたり、話を聴く機会を増やすことで、子どもたちの不満が少し和らいでくることもお聞きします。同時に、問題を抱える子どもと関係を築きながら実際の場面を検討していくことで学級全体が少しずつ落ち着いていくように感じます。

24 体育を嫌がるツムギさん

次の体育の授業で体育館に行くときに、学級の子どもたちは廊下に並ぶのですが、ツムギさんは着替えの服をたたむのに時間がかかり、なかなか廊下に出てきません。先生が廊下に並ぶように何回か促すと、耳をふさいでしゃがみこんでしまいました。その後、なんとか説得し見学なら行けるということで、連れていきましたが、最近体育の見学が増えています。

それぞれの立場

・学級の子どもたち
　おとなしいからあんまり気にしてなかったけど、そういえば最近体育の時間、見学が多いかも。体調がよくないのかな……。勉強よりいいと思うけど。

・保護者
　最近朝学校に行きたくないとう日が増えていて……。特に、月曜と水曜と木曜ですね。月曜は週始めなのでなんとなくわかりますが、水木は疲れてしまうんでしょうか。何度か聞きましたが、嫌なことがあったわけではないと言いますし……。

・担任の先生
　何が嫌なのかわからないのですが、体育は好きじゃないようです。いつも見学というわけにはいかないので、何が嫌なのか教えてくれるといいのですが……。

子どもの立場

・頭の中（思考理解）
　体育の授業はうるさくて嫌。音楽も同じ感じ……。みんながふざけているわけじゃないけど、すごくうるさくて頭が痛くなってくる。

・気持ち（心情理解）
　でも、体育も音楽も授業でいろいろやらなきゃいけなくて、静かにはできないと思うから、隅の方で見学してる方がまだマシ……。

考えられる特性（特性理解）

　大きな音が苦手な場合、**音過敏**が考えられます。同時に、体育や音楽の場合、決まった席でじっとしている授業ではなく、移動したり、みんなで一斉に活動したりするので、どうしてもざわざわしてしまいます。そのような雰囲気が苦手な場合や、次に何をするのかが予め子どもには細かく知らされていないことが多いので、動きに対する不安もあるかもしれません。

　また、体育であれば、先生の笛やマイクの音、音楽、同級生の騒ぐ声なども体育館の中で響いて聞こえますし、音楽でもリコーダーや鍵盤ハーモニカ、合唱や楽器演奏など、様々な音が聞こえてきます。これらの音全体が、音過敏のある子どもの場合、何倍にも大きく聞こえ耳で鳴り響く場合があるので、子どもの感じ方とその影響を理解することが大切です。

　気をつける必要があるのは、音の大きさに対する苦手さを意識できていない場合です。以前、高校生が体育と音楽の授業だけ参加できず単位を落としそうになり、話を聞いたときに、本人は音のことに気づいていませんでした。教師から尋ねてみることで、いくつかの対応が検討できるように思います。

よく見られる対応

・担任の先生

　不安が強いため、「跳び箱をするよ」「縄跳びをするよ」など、体育の前にすることを伝えているのですが、それでも嫌そうな顔をしてなかなか参加できません。昨年度も同様だったようで、これから運動会練習も始まるので、困っています。

・子どもの反応

　体育のある日は前の日から体調が悪くなる……。学校に行っても、体育の前になると身体が動かなくなってしまう……。

支援のヒントに向けた3つの視点

1）個別の関わり

　最初に、以下の内容に心当たりはないか聞いてみることから始めます。
- 大きい音や声
- ざわざわした雰囲気
- 次にすることの流れが予めわかっていない

　当てはまるものがいくつかあれば、体育はかなり苦手そうです。お母さんの言葉にあった、月、水、木などの特定の曜日に共通する授業があるかを考えるのも1つです。これらの曜日には、体育が（水は音楽も）ありました。

その後、このような状況のときの感じ方や気持ちを丁寧に聴いていきます。先生からは思ってもみないような状態が伝えられるかもしれません。

「気がつけてよかったね」「今までよく我慢してたね」など子どもが苦痛を耐えてきた思いを受け止める言葉を伝えると、状況が変わっていなくても安心できると思います。その後、どうしたら負担が減るか一緒に考えてみましょう。

2） スキル
・大きい音や声

耳栓やイヤーマフを使用することを提案してみます。ただ、学年が上がるごとに、周囲と違うことをしたくないと思うことが増えてきます。

耳が隠れるくらいの髪の長さの子どもであれば、耳栓の見えるところを油性マジックで黒く塗り、ぱっと見てわからないようにして使用できるようになったこともありました。

・ざわざわした雰囲気

少しずつ慣れていくために、最初は後ろの方で、辛くなったら保健室や別室に行けるようにして安心材料を提示しながら、できそうな内容に参加してみるのも1つです。その後の様子を本人から聞き、途中参加であっても努力したことを認めます。

・次にすることの流れが予めわかっていない

ざわざわした雰囲気の中で緊張していると、先生の話が耳に入ってこないこともあります。周りの子どもたちの動きを見て行動できない場合、活動の最初の頃は、子どもの動きが止まった瞬間に教師がそっと誘導し次の活動を伝えることを心がけます。参加すること以上に、少しでも"安心感"をもてるように関わっていきます。

3） 学級での関わり

以前、体育が嫌だと言っていた子どもが、「体操のときとか、近くの人とペアですることがあって、自分だけペアになれずすごく嫌だった」と話してくれました。小さなことですが、"子どもにとって"の体験に耳を傾けることが、現状を検討する大切な道標になると思います。

25　遅刻が多いリツさん

朝なかなか起きられないリツさんは、1時間目が終わる頃登校することが多いです。遅いときには、お昼から来ることもあります。夜ゲームをしたり、遅くまで起きたりしているわけではないので、どうして起きられないのか自分でもわからない状態です。親や先生からはもっと早く寝なさいと言われています。

🌱 それぞれの立場

・学級の子どもたち
　リツさんは遅れてくることが多いよ。もしかしたら、学校に来たくないのかな。その気持ちもわかるけど、休むわけじゃないからもしかしたら好きな授業だけ受けに来てるのかも。ぼくもそうしたいけど、うちは親がうるさいからムリ……。

・保護者
　朝なかなか起きられません。起こしに行っても、布団をかぶって動けません。学校が嫌なのか聞いても、本人は「そうじゃない」と言います。もしかしたら体調が悪いのかもしれないと思い、小児科を予約していて今週受診する予定です。

・担任の先生
　2時間目の途中くらいから登校することが多く、日によって午後からのときもあります。1時間目に多い算数と国語がとても遅れています。友だちとトラブルがあったわけではないようですし、もう少し早く寝て、できれば1時間目から来てほしいと思っています。学級の子どもたちも心配しています。

子どもの立場

・頭の中（思考理解）
　遅れたときは休みたい。でも、そうなると欠席が続くから、がんばっていかなきゃって思ってるけど、朝どうしても起きられない。なんでほかの人は起きられるんだろう……。

・気持ち（心情理解）
　途中から教室に行くのはイヤ。廊下で先生たちにいろいろ聞かれるし、教室に入るときもジロジロ見られて、「どうして遅れてくるの？」って聞かれると困る……。

考えられる特性（特性理解）

　学校でトラブルや嫌なことがあったわけでなく、朝どうしても起きられない、午後になると比較的元気に過ごしているが、天候の悪いときにも調子が悪い状態が続いている……。このような場合は、体調面の状態を医師に診てもらうことも大切です。リツさんはその後、**起立性調節障害**と診断されました。

　この疾患は、子どもに多くみられる自律神経の低下により引き起こされる身体の病気です。症状としては、起床時の体調の悪さ、倦怠感、頭痛、めまい、立ちくらみ、腹痛などがみられます。午前中に症状が強く見られますが、午後には軽減することが多いため、「怠けている」と思われることもあります。学校への行きづらさが蓄積していくと、不登校に移行する可能性もあるので、注意が必要です。

　この状態の子どもと関わるときに大切にしたいことは、起立性調節障害（傾向）は「身体疾患」だという理解です。症状が長期化するに伴い、思春期特有の他者からの視線などが気になり、友だち関係にも敏感になる時期と重なると、登校しづらさが増大します。

 よく見られる対応

・担任の先生

　なんとかもう少し早く寝るように伝えています。夜遅くまでゲームなどしていないか、そのあたりも心配です。生活リズムが整っていくとよいのですが……。

・子どもの反応

　先生にも親にもうるさく言われて、したいこともあるのに早く寝るようにしてるけど、やっぱり朝は身体がだるくて起きられない。先生には「はい」と言っているけど……。

―――――――― **支援のヒントに向けた3つの視点** ――――――――

1) 個別の関わり

　　短期的には、遅れてきたことより登校できたことをそっと喜んであげるとよいと思います。たとえば「よく来たね」「会えてうれしいよ」のように声をかけるなどです。

　　思春期以降は、特にこれまで以上に人目が気になります。子どもの立場からすると、途中で登校するということは、朝から登校するより何十倍もハードルが高く、勇気が要る状況です。休みが続く子どもの中には、「みんなと一緒に朝から行けるんだったら、行きたい」と話す子も一定数います。

また、座席の位置や途中で入室するときに気になることなど、子どもの意見を聞いておくとより具体的な検討ができるでしょう。

2) スキル

　これまで関わった途中から登校する子どもの多くは、教室に入室するにあたりいくつかの要望をもっていました。

・座席の配慮➡一番後ろで廊下側の席：周りにあまり気づかれずに、そっと入れると思える安心感があるようです。
・ほかの子どもの反応➡周りの子どもからジロジロ見られたくない：遅れてくることに罪悪感をもっている子どもも多くいます。

　学級の子どもたちは何気なく、ときには心配して見ることがほとんどですが、罪悪感があると「また遅れてきたと思われてるだろうな……」と思ってしまいます。

　そのほか、気になることを一緒に検討するだけでも、子どもにとって少しほっとできるように感じます。

3) 学級での関わり

　起立性調節障害（傾向）がある場合、午後になると体調がよくなる子どもが多いので、「リツさんって元気なのに、どうして遅刻してくるんだろう」と不思議に思う学級の子どもたちもいると思います。学校経営の中で、本人と保護者との相談のうえ、今の身体の状態とともに、遅れて後ろから入ってきたとき振り向いて見たりせずに、だんだん元気になるので心配せずに、自分たちの学習に集中するような共通理解もあるとよいでしょう。

　学級は、それぞれの子どもたちが他者を理解し、労る心を育む中で成長していく大切な場になります。

怠けている子ども　「怠けている子ども」は基本的にいないと考えています。心理学的な観点になりますが、そのように見える子どもには、なんらかの「背景」「状況」「特性」「疾患」などがあり、現在の様子になっているという捉え方です。子ども理解の片隅に、「身体の不調」も入れていただくだけで見方が少し違ってくるような気がします。

26　行事前に落ち着かなくなるスバルさん

学校では、新学期のクラス替えから始まり、遠足、社会科見学、夏のプールや運動会、学習発表会、音楽発表会、高学年になると修学旅行などいろいろな行事があります。スバルさんは行事前になると、学校のいつもと少し違った雰囲気を感じ取るのか、落ち着かなくなったり、移動前に固まったりします。そして、学校に行きたくない気持ちが強くなるようです。貴重な体験になるかもしれないのでなんとか参加できるとよいのですが、スバルさんの辛さは増す一方です。

それぞれの立場

・学級の子どもたち

　普段スバルさんは普通に過ごしてるけど、これまで何度か泣いて動けなくなって、先生と話してるのを見たことがあるよ。

・保護者

　新しいことや環境の変化が苦手みたいで、ストレスが溜まるとだんだん学校に行きたくないと言い始めるので、家でも困っています。今、運動会練習の時期なのですが、運動会も出たくない、学校にも行きたくないと言うので、今度先生に相談したいとお願いしているところです。慣れていくしかないと思うのですが……。

・担任の先生

　お母さんから連絡がありました。4月も結構大変だったのですが、水泳もなんとか乗り切り、夏休みに少し休憩できたのか2学期の最初は元気に登校していました。ただ、運動会練習が始まると、表情が曇り始め、目に見えて調子が悪そうです。

子どもの立場

・頭の中（思考理解）

　新しいことが苦手。「運動会はこれまで何回もしてきてるよね」って先生に言われたけど、これまでも本当に嫌だったのに無理やり参加させられるだけ。次から次にいろいろなことをしながら覚えていくのも、みんなと一緒に行動するのも、全部苦手。放送も音楽もうるさいし。全部が耐えられない……。

・気持ち（心情理解）

　最初はがんばったけど、もう疲れてしまった…。学校を休んで家でのんびりしたい……。当日参加できるかどうかもわからない。行きたくないから。

考えられる特性（特性理解）

　新奇場面の苦手さ、**見通し**のもてなさ、**集団場面**の苦手さ、**音過敏**などいくつもの苦手な状況がある場合、学校行事にはそれらが重なって訪れます。このような特性を改善することは難しいので、環境を調整することで少しずつ抵抗を減らし、できることを増やしていくことを目指します。そのような経験が、子どもの自己肯定感にも影響を及ぼします。

　そのため、できた、できないという2分法ではなく、子どものがんばろうとしている気持ちを汲みながら、できることを一緒に探していくという関わりもあるとよいと感じます。同時に、子どもが安心できる関わりや場所も大切です。

 よく見られる対応

・担任の先生

　できることも多いので、なんとか行事に参加できるようになることを目指しています。そのために、少しでもいいから練習に参加してみようと声をかけていますが、それも難しいときがあり、どうしたら参加できるのか考えています。

・子どもの反応

　先生は「少し」って言うけど、それができたら苦労しない。今までも、少しがんばったら、もう少しってどんどんやらないといけないことが増えるし、当日参加できるかわからないのに、がんばろうよって言われると困ってしまう……。

―――――― **支援のヒントに向けた3つの視点** ――――――

1）個別の関わり

　関係を作りながら、少しずつ安心感をもてる取り組みを一緒に検討していくことを試します。学校でできることとできないことがあることを伝えたうえになりますが、具体的には、「何が辛いか」「どんなことならできそうか」と聞いてみます

　このとき、太鼓の音が耐えられない子どももいます。耳栓をしていても一番前だと鼓膜に響きます。可能であれば一緒に考える過程で、どの場所ならよさそうかなど、できるだけ具体的に行動や場所を検討することもお勧めです。

　・見学の場合

　「どんな場所でどのくらいならできそうか」など子どもと一緒にできそうなことをすり合わせていきます。ただし、子どもが「これならできる」と言ったことが実際できないことも多々あります。そのようなときは、"挑戦しよう

と思った"ことを承認することも大切な関わりになるでしょう。
・**学校には来れたが、調子が悪く全部に参加できない場合**
　学校の体制によりますので、学年主任や管理職、子どもを語る会などで共有しながら、子どもが待てる場所などを設定できると安心材料が増えると思います。

2）スキル
　当日の子どもの動きをチャート式で事前に検討しておくのも安心感につながります。
「チャート式行動選択表」の作り方
　・練習場面
　　①列の後ろで少し（10分など時間を決める）参加する。
　　②児童席で応援する
　　③体育館の隅などから見学する
　　　（一緒に身体を動かす）。
　　➡①～③の後、先生からがんばったシールをもらう。

　・本番場面
　　①児童席で応援する。
　　②保護者席で見る。
　　③学校の一室から応援する。
　　➡①～③の後、先生からがんばったシールをもらう。
　・帰りたくなったとき
　　①担任の先生のところに言いに行く。
　　②近くにいる先生に言いに行く。
　　③家の人から担任の先生に言ってもらう。
　　➡①～③の後、先生からがんばったシールをもらう
　どのチャートで進んでも「がんばったシール」がもらえる仕組みです。

3）学級での関わり
　一人ひとりのがんばり方があること、今できなくてもばんばろうとしている人がいたら、そっと見守り応援する方法を伝えることも、インクルーシブ教育や多様性と関連した学級作りにつながると考えます。気になる状況のときに、学級全体の今後の成長を意識して関わることで、先生らしい学級経営につながっていくと思います。

27 苦手な活動に取り組まないリクさん

マラソン大会の練習のため、体育の時間に子どもたちはグラウンドに集まっています。今日は実際の距離を走り、各自のタイムを測ることになっていました。リクさんは体操服に着替えておらず、列にも並ばずに校庭の隅にしゃがみ込み土で遊んでいます。先生はリクさんに何度か声をかけましたが、聞こえないかのように振り向かず、結局マラソン練習とタイムを測ることができませんでした。

それぞれの立場

・学級の子どもたち

　リクさんはサッカーとかは休憩時間に一緒にするけど、走るのは好きじゃないみたい。マラソンとかもだいたい見学してる。休憩時間にサッカーしてるときは、教室になかなか戻ってこないくらい身体を動かすのは好きだと思うけど……。

・保護者

　自分にとって嫌なことは、どんなに説得しても頑としてやりたがりません。これから社会に出て仕事をしないといけないのに、こんなことでは先が思いやられるし、この子のためにもならないので、家では挑戦するように厳しく言っています。この前は、100メートル走もがんばったというのでほめましたが、先生から後で聞いたところ走っていなかったようです。今度マラソン大会があるのでちゃんと走るか見に行く予定です。

・担任の先生

　自分が苦手だと思うことは最初からやらないですね。身体を動かすのは好きですが、足は遅い方だと思います。内心リーダーになりたい気持ちがあり、プライドも高いので、足が遅いことを周りに知られたくないのかもしれません。

子どもの立場

・頭の中（思考理解）

　走るのは好きじゃない。どうせ走っても最後の方になるから走りたくない。

・気持ち（心情理解）

　1人で走るんだったらまだいいけど、みんなと一緒に走るのは絶対に嫌だ。

第 3 章　高学年

 考えられる特性（特性理解）

　このような状況について、苦手な活動に対する**回避**傾向も影響していると考えられます。この回避傾向をプライドの高さからくる苦手なことへの拒否と受け取ると、少しやる気が出たり、練習すればなんとかなるかもしれません。もし、プライドによるものでなければ、どのようなことが考えられるでしょうか。

　普段の様子によりますが、気が逸れやすく集中力が持続しにくい場合、一定数の子どもに見られる ADHD 特性の一部の場合もあります。このような子どもは、小さい頃から周囲の大人に注意され続けていて、自己肯定感が低くなっています。

　そのため、一定期間の努力を要したり、自信や関心のない活動に対して諦めて最初から取り組まないことは、「失敗」や「できない体験」をこれ以上積み重ねないことにもつながります。このように考えると、回避傾向は自分を守るための**自己防衛**とも考えることができます。子どもが自己を必死に守らざるを得ない状況も考慮したうえで、一緒に少しずつ挑戦していくことも目標の1つになるでしょう。

 よく見られる対応

・担任の先生

　普段からやりたくないと言うことが多いので、なんとか嫌なことから逃げずにできることが増えるようにしたいと考えています。そのため、本人に丁寧に説明したり、やる気を促すような声かけをしているのですが、なかなか難しいです。

・子どもの反応

　人前で走るのは絶対に嫌だから、最初から体操服にも着替えない。いくら言われても走らない。

——————————— **支援のヒントに向けた3つの視点** ———————————

1）個別の関わり

　子ども自身も自分の諦めや回避傾向に気づいていないことがあります。そのような場合は、「嫌だ」の一点張りになってしまうのですが、よく聞いてみると少しの工夫があれば取り組めることもあります。

　　・「タイムを測るのが苦手なのか」
　　・「同級生に走るところを見られるのが嫌なのか」
　　・「同級生に足がそれほど速くないことを知られたくないのか」
　　・「競争して順位がつくことが嫌なのか」
　　・「最後まで走る自信がないのか」

いろいろな角度から一緒に確認していくことで、本人も気づかなかった思いに気づくかもしれません。
　「嫌だから➡やらない」という「やらない」行動に焦点を当てると、苦手な子はほかにも何人もいるけどみんながんばってるよ、という説得に変わってしまいます。個別対応では、関係作りを大切にして関わるので、ここでは「嫌だと思う気持ち」に焦点を当てます（これまで話を聞いた中には、"1番や良い点を取らないと親に怒られる"と泣いて話してくれた子もいました）。
　この状態に至るまでの子どもの辛い気持ちに思いを馳せながら共感的に聴くことで、少し気持ちが落ち着くかもしれません。

2）スキル

　1）でいくつか子どもと確認できたら、**スモールステップ**を取り入れた**「がんばりカード」**を使うこともできます。

　　・目標距離を少しずつ延ばす
　　・途中で走れなくなっても走れたおおよその距離を測る

　挑戦したことを含め、どの状況も肯定的に承認したり、努力して取り組んでいる様子を保護者に連絡帳で伝えるのもいいですね。
　「結果」ではなく「取り組み（過程）」に注目することで、肯定的な面に目を向け承認することができると思います。自己肯定感の低い子どもには、小さなことを少しずつ認めていくことが後々にも意味がある関わりになると感じています。

3）学級での関わり

　学級の子どもたちにも、競争は人とするより自分との戦いであること、タイムは自分のこれまでの時間を見るために使うことなどを伝え、上記の「がんばりカード」を作り、確認します。途中で歩いてしまう子が、どこまで走れるようになったかを「がんばりカード」に記入するのもよいでしょう。
　1人の子どもの特性理解が、学級全体の目標や雰囲気に影響することもあります。難しく感じる場面の中にも、後になって、このことがあったからこそ思えるような小さなきっかけが思いがけず存在することもあります。

28 爪噛みを続けるサナさん

高学年になり、担任の先生はサナさんが周りから浮いている感じがして気になっていました。ある日、数名の子どもたちに「サナさんのことで気になることある？」と聞いてみたところ、「よく爪を噛んでいて、手によだれみたいなのがついてて、机も汚いから掃除のときに運ぶの嫌だって言われてる」との答えが返ってきました。先生は、その後何度もサナさんに爪噛みを止めるように注意しますが改善が見られません

🌱 それぞれの立場

・学級の子どもたち

　先生の前では言わないけど、陰では「手によだれがつくから汚い」って言われている。やめたらそんなことも言われないんじゃないかな。

・保護者

　家では、やさしくていい子なんですよ。宿題もしていますが、もっていくのを忘れることが何度もあります。それ以外、気になることは特にないです。

・担任の先生

　周りからどう思われているかというのがわからないと思います。爪噛みも「お友だちが汚いって言ってるよ、やめようね」と何度注意しても治りません。1学期の個人面談で友だちがほしいと言ったので、ほかの子にも遊びに誘うように声をかけたりしましたが、まずは「汚い」と思われないようになってもらわないと難しいのでは……。

🍃 子どもの立場

・頭の中（思考理解）

　止めたほうがいいということは頭ではわかっているけど、気がついたら爪を噛んでしまってる……。

・気持ち（心情理解）

　よくないとは思うけど、どうやって止めたらいいかわからないし、爪を噛んでると落ち着く気がする……。

考えられる特性（特性理解）

　一種の癖になっている可能性がありますが、その背景として、ストレスから生じる行動、爪を噛むことによる**感覚刺激**、他者視点が取りにくいことなどが考えられます。ストレスが蓄積し、気持ちを落ち着かせるために感覚刺激としての爪噛みをしている場合は、強固な結びつきがあり、さらに他者視点を理解しにくい特性があると止める動機が少なく、口頭での注意では改善が難しいと思われます。

　ストレスの蓄積、感覚刺激、他者視点取得の困難の関係を検討するとき、対人関係がうまくいかないストレスは他者視点取得の困難さという特性に影響を受けている可能性があり、これら3つは切り離せない悪循環になっているかもしれません。特性を改善することは難しいので、最初に同級生との関係の間に、教師との関係を形成すること、その過程でストレスを検討していくことを考えます。

 よく見られる対応

・担任の先生
　なかなかほめる場面が見つからず、一方で爪噛みを続けると同級生がますます離れていってしまうことが心配で、何度も注意をし続ける状況になっています……。
・子どもの反応
　わかっていてもやめられない……。先生には、「はい」って言っているけど……。

支援のヒントに向けた3つの視点
---

1) 個別の関わり

　居場所と**自己肯定感**を考えたとき、現状のサナさんは両方とも安定していないようです。居場所について、学級の中の友だち関係が重要ですが、他者視点に苦手さをもつ子どもの場合、その形成は難しいことも多いため、最初に教師との関係を形成していくことが大切になります。それには、サナさんの思いをどこかで理解していく必要があります。サナさんの落ち着く時間、好きな場所、好きなことはなんでしょうか。
　・「最近、家で何してることが多い？」
　・「推しとかいる？」
　・「好きなゲームとかある？」
　・「学校だったら、どの時間が好きかな？」
　休憩時間や放課後に、一緒に絵を描いたり、本を読みながら話をしたり、トランプをしたり、係やグループ活動をしたりするサナさんを近くで見ていると、この子の"良さ"に気づく場面がいくつもあると思います。気づいたことを言

葉にしたり、していることを言語化（今、これするところなんだね）したりしながら、関わりを増やすことで関係性を形成していけるように感じます。

　見ているうちに、「もしかして、次にすることがわかっていないのかも……」「困っている顔してるなぁ、声をかけてみた方がいいかな」など、子どもの様子に気づけるようになってくると思います。

　小さな変化（「前より少し爪嚙みが減った気がするよ」）や子どもの思い（「やめようと思って努力してるのは伝わってるよ」）を言葉にするのも素敵です。しようと思ってもできないことは、大人でもたくさんあります。

2）スキル

　先生との関わりの中で、認める場面を作るために、「**一言メモ**」を使ってみます。

　体育のマット運動であれば、みんなですることを順番に書いたメモを事前に渡し、できたら後でそっと「できたね！　がんばったね」と伝えることができます。事前にメモを渡すことで、行動できるようなら、慣れ

マットの準備
- 器具庫の中にあるマットを見つける
- マットのはしについている持ち手の輪っかをつかむ
- 友だちといっしょに持ち上げる
- 友だちの歩く速さと合わせて、先生の説明した場所にもっていく
- マットを床に置く
- マットを広げる

るまでいくつかのメモを用意しておくのもいいですね。

　そのメモにスタンプを押したり、シールを貼ったりしてもいいですし、連絡帳で保護者に伝えるのも自己肯定感を育む関わりの1つだと思います。

3）学級での関わり

　先生のお手伝いもしてもらいます。お手伝いを一緒にすることで、準備や片付けの順番も覚えられます。同級生の前で、「手伝ってくれてありがとう」と伝えることで、「先生に注意されてばかりいる爪嚙みをする汚い子」から「先生に認められている子」に一瞬でも見方が変わることの積み重ねで居場所感を少しずつ育んでいけるといいですね。

　先生と話をしているときに、ほかの子どもが入ってくることもあるでしょう。そこで、橋渡しをして見守る側になることができます。これらの関わりを継続しているうちに、子どもの様子が変化していることもあります。

29 学校で頭が痛くなるスズネさん

学校が大好きなスズネさんは、担任の先生も友だちも大好きです。取り立てて困っていることはありませんが、最近頭が痛くなることが何度かあり、保健室に行くことが増えています。家でもときどき同じ状態になるようです。4月以降気になる様子は見られず、むしろ楽しそうにしており、否定的なことを本人の口から聞いたことがなく、本人も先生も理由がわからず困っています。

🌱 それぞれの立場

- **学級の子どもたち**

　スズネさんは友だちが多くて、元気な感じ。男子と言い合いになることがたまにあるくらいで、けんかとか見たことがない。とってもいい子だと思う。

- **保護者**

　これまで上の子と下の子のことでいろいろ大変でしたが、この子は今までずっと育てやすく何の問題もなかったのでとても戸惑っています。家でもときどきありますが、学校で何度か頭が痛くなるようで、スッキリするようなトローチや、お守り代わりに万が一吐いても大丈夫なようにビニール袋をもたせたりしています。病院にも行ってみましたが、どこも悪くなく精神的なものだと言われました。とても心配しています。

- **担任の先生**

　学校では明るくて楽しそうにしていますし、本人も学校が楽しいとよく言っているので、何が原因かわからない状態です。

🍃 子どもの立場

- **頭の中（思考理解）**

　学校が楽しいのに、どうして頭が痛くなっちゃうのかな……。理由が知りたいし、なんとか治したい。

- **気持ち（心情理解）**

　頭が痛くなると学校が楽しめなくなって、元気がなくなるから悲しい……。自分でもわからないのに、どうして？って聞かれると困ってしまう……。

考えられる特性（特性理解）

　困っている様子が見られず、本人も学校生活が楽しいと言っているのに、最近学校や家で頭が痛くなることが増えています。身体的にも問題はなく、本人も周囲も戸惑っている状況です。考えられることとして、**過剰適応**が挙げられます。これは診断名ではなく、状態像と言えるものです。具体的には、周囲の期待に過度に応えようとし自分の感情を抑え込み、理想の子どもを演じるような状態です。

　親や先生に認めてもらうために、がんばって「良い子」でいるのですが、どこかの時点で「良い子」でいられなくなることがあります。たとえば、「いくつかのストレスが蓄積する」「思春期になり自立に向けたアイデンティティの確立の時期に自分とは何者かという問いが生じる」「これまで疑問をもたなかった大人の態度を批判的に見るようになる」「これだけがんばっているのに周囲には当たり前になり疲れてしまっている」などいろいろ考えられます。これらが影響している場合でも、周囲からは見えにくく、本人も気づかないことが多くあります。

 よく見られる対応

・担任の先生

　医療受診もしたとのことで、気持ちの問題と言われたようです。そのため、いろいろ理由を聞いていますが、やはり本人もわからないようです。辛いと思うので、なんとかしてあげたいのですが……。

・子どもの反応

　どうして頭が痛くなるのかわからない……。お母さんにはよく相談してて、心配してくれてる。

―――――― 支援のヒントに向けた 3 つの視点 ――――――

1) 個別の関わり

　このような子どもは、「良い子」でいることが普通の状態になっているため、自分が疲れていたり、辛さが蓄積していることに気づいていないことも多くあります。「良い子」でいることで、大人にほめられることもありますが、一方で過度に他者の期待に応えようとするため、他者を優先し自分の思いを抑え込むことになります。また、「良い子」は「理想の子ども」とも関連し、「人の悪口を言ってはいけない」「きちんとやらないといけない」などいくつもの縛りが生じます。そうなると、弱音を吐いたり、愚痴を言ったり、いい加減にすませたりできなくなってきます。

　そのしわ寄せやストレスが、身体症状として出てしまうこともあります。

ただし、本人もなかなか気づけないため、「自分は身体が弱い」「すぐ調子が悪くなる」とさらなる負荷を自身に与えることにもなりかねません。

このような状態が維持されて身体症状が生じているとしたら、これまでと違う方向性での関わりを検討してもよいかもしれません。

・愚痴や弱音を言うことは当たり前のこと
・自分の気持ちに気づいて言葉にすることは大事なこと
・相手だけでなく、同じように自分も大切にすること

このような方向性を意識しながら、子どもが自分の気持ちに気づき、言葉にしていく過程を共有する時間があるとよいと感じます。

急に「なんでも言ってみて」と伝えても本人も気づいていないこともあるので、時間をかけて関わっていくこと、「良い子」でなくても大切な存在であることなどを、本人がどこかで感じられることを目指します。

2) スキル

ある場面で感じたことを言葉にする前に、**欲求や身体の状態**に注目します。

自分の中の欲求→身体の感じ→感情→行動→身体の状態

この流れを理解したうえで、子どもの中の欲求（たとえば、どうしてほしかったのか、どうしたかったのかなど）に気づくことから始めます。この流れに沿わなくても、「良い子」ではない様々な感情に気づくこと、もっといえば、肩の力を抜いて一緒に時間を過ごすだけでもいいかもしれません。

3) 学級での関わり

人は複雑な感情をもっています。それぞれの人が感じるいろいろな思いを適切な形（学級の中での発言、先生への伝達や日記も含む）で言葉を通して表現することの大切さをスズネさんだけでなく、学級全体で共有し意識することで、本人や周囲の子どもとともに学級が育っていく機会になることでしょう。

30 自習時間に急に教室を飛び出したアンさん

3時間目は自習になりました。先生が教室を出るときに、「先生がいないけどプリントを最後までやって、終わった人は読書をしていいから静かに勉強してください」と言いました。何名かの子どもたちが「はーい」と答えましたが、先生が出ていって数分後には、多くの子どもたちが騒ぎ出しました。アンさんは少しの間、それらを見ていましたが突然、筆箱で自分の机の上をバン！と叩き教室を走って出ていきました。その後アンさんは、教室に入れなくなりました。

それぞれの立場

- 学級の子どもたち

　あー、びっくりした！　急にどうしたんだろう。なんか嫌なことがあったのかな。言いたいことがあるなら言えばいいのに。変わってる……。

- 保護者

　自分の気持ちを言うのが苦手だと思います。学校で嫌なことがあったときには、すぐには言いませんが、何日か経ってから「こんなことがあった」と言うくらいです。今回は、教室に入りたくないと言い始めたので、先生に相談しています。

- 担任の先生

　アンさんに、学校に来たくない理由をいろいろ尋ねたのですが、うつむいて下を向き何も言いません。学級の子どもたちに聞くと、自習時間に教室を急に飛び出したようですが、どうして出ていったのか誰もわからないとのことです。

子どもの立場

- 頭の中（思考理解）

　先生が「静かに勉強して」って言ったのに、みんな騒いでるなんておかしい。それなのに先生が戻ってくる前におとなしくして、先生から「静かに勉強してましたか？」て聞かれたら「してました！」と言うに決まってる！

- 気持ち（心情理解）

　「はい」とか言ってた人たちが一番騒いでて、許せないし腹が立つ！

考えられる特性（特性理解）

べき思考とそれに対する**こだわり**が感じられます。べき思考は、～すべきという自分の中の確固たる信念が基盤になっていて、その中には社会的規範も含まれており、本人だけの偏った内容ではない場合が多くあります。そのルールを自分も守ろうとしますし、ほかの人も守らなければならないといった過度なこだわりも見られます。

堂々と大声で注意するタイプの子どもと、アンさんのように自分の中に溜め込んで爆発してしまうタイプの子どもがいます。注意するタイプの子どもは、自分が守れていない場面があることに気づかず注意することで周囲から浮いてしまい、溜め込んでいる子どもの一部は、急に学校に足が向かなくなる場合があります。

このような子どもは、「**暗黙のルール**」がわかりにくい状態です。たとえば、掃除時間、先生がいないときには遊んでいても、先生の姿が見えたらすぐに掃除を始めるなど、子どもには「よくある」状況も、理解できず許せません。「先生が言ったこと＝時間いっぱい掃除をしましょう」を守るべきという言葉通りに受け取ります。注意する子はけむたがられ（自分は遊んでいることもあります）、言えない子はストレスを溜め込みます。

 よく見られる対応

・担任の先生

　嫌なことがあったら、先生に話すように伝えています。とにかく原因がわからないので、対応が難しく困っています。

・子どもの反応

　先生には話してないけど、先生に言われたことをすぐに守れない人ばかりのクラスには行きたくない。

──── **支援のヒントに向けた3つの視点** ────

1）個別の関わり

　「この前の自習時間のとき、何か嫌なことがあった？」など、子どもがどのような場面で不安や怒りを感じやすいか、ということを把握することは大切です。多岐にわたる場合もありますが、根底にある本人の「べき思考」に基づく価値観やこだわりがあるかをまず確認します。そのうえで、対応について考えることができるでしょう。

　溜め込むタイプの子どもは"友だちの悪口を言ってはいけない"というよ

うな過去の教師の指導に縛られている場合もあります。そのため、これは悪口ではなく、話を聞いてもその子たちを注意したりしないから、教えてほしいという言い方も考えられます。「騒いでる子が結構いたのかな」など、言えない場合は推測を交えて、本人の反応を見ていきます。

大切なのは、その場面を見たときの子どもの思いです。「先生の言ったことを守れない人を見て、腹が立ったのかな」など、本人の話とともに少しずつ子どもの気持ちを確認していきます。

2）スキル

臨機応変や暗黙のルールがわかりにくいため、その点について、「**お話タイム**」で一緒に検討します。

・「いいことではないが、先生のいないところでルールや指示を守らない人がどこにも一定数いる」（実際、ふざけている子どもは一定数います）。

「注意してあげて」ということをこのようなタイプの子どもには言わず、「あとで先生にそっと教えてね」と伝えます。言ってきた場合は、そのときの思いを受け止めます。

何も言ってこない場合は、定期的に声をかけたり、様子を見ます。そのような場面が想定される時間のあとに、先生から様子を尋ね、そのときの気持ちを聴くことで子どもは安心すると思います。

3）学級での関わり

いろいろな考え方があるということも含めて、学級の中でトラブルや困ったことが起きたときに、先生の大切にしている価値観も共有しながら、子どもたちに問いかけみんなで考えていくことで、学級が少しずつまとまっていくと感じています。

先生だからこそできること　近年、子どもを取り巻く環境が変化し、子どもの悩みも複雑化しています。子どもの状況や思いを学習と生活を共にすることで、複雑な子どもの心を推測しながら寄り添えるのは、先生だからこそといつも思います。

31 相手が嫌がっていることがわからないアサヒさん

アサヒさんは友だちと遊ぶのが好きですが、休憩時間になると悪ふざけが過ぎてトラブルになることが増えています。友だちの消しゴムを取り上げ、ボール代わりにしてキャッチボールをしたり、別の友だちの上に馬乗りになり楽しんでいます。相手が、「やめて」と言ってもお構いなしで続けています。一部の子どもが先生に何度も訴えている状態で、先生も指導していますがなかなか変わりません。

🌱 それぞれの立場

・学級の子どもたち

　アサヒさんは休憩時間にふざけたり、友だちをからかったりして遊んでるよ。相手の子は嫌がってるみたいだけど、そのまま続けてるみたい。ずっとは見てないけど、何が楽しいかわからない。

・保護者

　この前も担任の先生から連絡をもらって、子どもに厳しく注意しました。「わかった、もうしない」と言っていましたが、次の日もまた同じことをしていたそうです。相手が嫌がっていることはしてはいけないと何度も注意しています。

・担任の先生

　相手の子どもの家の方から先日電話がかかってきて、アサヒさんに「やめて」と言ってもやめてくれず、ずっと嫌な思いをしていて「学校に行きたくない」と言い出しているようです。結構続いているようで、今回はかなり厳しく指導したところ、帰宅後泣いていたそうです。ですが、翌日はケロッとして同じことをしていたので指導に悩んでいます。

🍃 子どもの立場

・頭の中（思考理解）

　一緒に遊んでる子たちも楽しんでると思う。笑ったりしてるし。本当に嫌ならもっと怒ると思う。先生はしつこくいろいろ言ってくるけど、休憩時間に遊んで何が悪いの？

・気持ち（心情理解）

　友だちと遊ぶのは楽しい。先生に注意されるのは面倒だけど。

第 3 章　高学年

 考えられる特性（特性理解）

　状況理解と**他者理解**の苦手さが考えられます。他者理解の方法にはいくつかあります。
　①相手の立場に立って考える理解
　②相手の表情を見て推測する理解
　①はコミュニケーションの苦手さとして代表的な内容ですが、この理解が苦手な子どもは、相手の立場で物事を考えることが難しく、「自分が楽しい」＝「相手も楽しい」というふうに自分と相手を同一視してしまうような思い込みをもっている場合が多く見られます。
　①が苦手な子どもの中には、②の難しさも見られることがあります。①ですでに、自分が楽しいので相手も楽しんでいると思い、「やめて」「嫌だ」を冗談と勘違いしてしまい、相手が嫌がっていることに気づくことができません。さらに②が苦手な子どもは、相手から得られる大切な情報の１つである表情に気を配っていないこともあります。また、相手に馬乗りになってくすぐったりすると、嫌がっている相手も一瞬笑ってしまいます。そのような一瞬の状況だけを捉え、「やはり相手も楽しいんだ」との思い込みを強くすることもあります。

 よく見られる対応

・担任の先生
　相手の子どもの訴えが深刻であるほど、厳しく指導することになります。相手が嫌がっていることは、やめさせないといけません。ただ、よくわかっていないみたいで同じことを繰り返しています。
・子どもの反応
　休憩時間のことまで口を出してほしくない。先生が怖いから謝るけど、休憩時間に遊べなくなったら学校が本当につまらない。

──────── **支援のヒントに向けた３つの視点** ────────

１）個別の関わり

　何度指導しても同じことを繰り返す場合は、もう一度「子どもの特性」を捉え直すことも違う視点から見るための手がかりになります。
　「説明してわかったら次回からしない」という考えは、特性が見られない子どもに対する指導になります（諸事情があるとそれでも難しい場合も多々あります）。「説明してもわからない＝納得できない」ことが、状況理解や他者理解の苦手さに関する特性です。その場合、逆転の発想で関係性を形成する

105

ところから再スタートすることも1つです。このとき、子どもの考えを最初に共有するところから始めます。

「どうして相手の子も楽しいと思うのかな？」「相手が嫌だと思っているのがわかるときはどんなとき？」など、少しずつ、本人の把握できる範囲を受け入れます、「本人が楽しい」と思っている気持ちは否定せずに受け入れます。先生が自分のことを「怒らない」で「一緒に話してくれる」という感覚をもちながら、考えを整理できると次のスキルも本人の考えを取り入れながら検討しやすくなります。

2) スキル

1) で子どもが、状況や相手の気持ちを理解するのが難しいことが話を進める中でわかってくると思います。ここまでくると、「説明してわからせる」こともまた難しいこと、相手や教師への嫌がらせをしたいわけではないことが実感として理解されるように感じます。

そこで、場面を特定した**ソーシャル・スキル・トレーニング**を交えた取り決めを子どもと一緒に検討していきます。目的は「友だちと仲良くするために」です。できれば、子どもからアイデアや考えを出して、「いい考えだね、やってみようか」という流れになると、子ども自身も実行しやすくなると思います。アイデアが出なければ、先生が選択肢をいくつか出して子どもが選ぶのもよいでしょう。

・相手が「嫌だ」「やめて」と言ったら→自分が楽しくてもすぐにやめる
・勝手に相手のものを取る→相手に「〜してもいい？」と聞いてからする
・借りたものはすぐに返す→遊ぶときは自分のものを使う

3) 学級での関わり

小さないざこざは、先生が見えないところでいくつも生じています。子どもたちはそのような経験をしながら成長するのですが、特性のある子どもは対人関係の「気づき」が少ない場合が多いので、先生の介入が必要です。相手が嫌がることはしてはいけないということに加え、相手が「嫌だ」「やめて」と言ったらどうしたらよいかを学級で検討するのもよいと思います。その際、子どもから出た意見を大切にして、学級での一定期間の取り組みとすることで、インクルーシブ教育と学級経営につながっていくでしょう。

32 漢字が覚えられないサトミさん

サトミさんは、漢字を覚えるのが苦手です。授業もしっかり受けていて、宿題も忘れずにしてきます。ですが、前日覚えた漢字が、なぜか次の日になると書けません。また、普段ノートを取るときにもかなり時間がかかり、ほとんどの子どもたちが書き終わっても、サトミさんはまだ書いています。一生懸命黒板を見ながら書いているのですが、字も間違っていることが多い状態です。

それぞれの立場

・学級の子どもたち

　漢字が苦手な子はたくさんいるよ。自分も苦手だし。でも何回も練習していれば、そのうちだんだん書けるようになると思う。先生や親からそう言われてるし……。

・保護者

　次の日が漢字テストのあるときなど、前日の夜も一緒に勉強したりしています。書いたそのあとすぐは書けたりするのですが、翌日になると難しいようです……。

・担任の先生

　授業も真面目に受けていますし、家の方も宿題をよく見てくださっています。ほかの科目のテストではいい点を取っていますので、漢字だけ書けないのが不思議なくらいです。これ以上なんと声をかけたらいいのかわからないのですが、とりあえず書かないより書いた方が少しでも定着につながるのかなと思っています。

子どもの立場

・頭の中（思考理解）

　どうして漢字が覚えられないんだろう……。何も見なくて書ける漢字は、多分小学校1年生くらいの字だと思う。見て写すだけでも大変なのに、覚えるのは難しい……。

・気持ち（心情理解）

　サボってたら、できなくて当たり前だし、もっとがんばらなきゃって思うだろうけど、サボっていなくてできないってことは、人よりかなり能力が低いってことなのかなと最近は思ってしまって辛い……。

考えられる特性（特性理解）

　知的遅れがなく、書字のみ遅れが見られる状況として、**限局性学習症**の傾向が考えられます。この特性は、学習が始まる小学校入学後に気づかれることが多く、読み、書き、算数に分類でき、それらが重複する場合もあります。文部科学省の定義では学習障害という名称が使われ、聞く、話す、推論する能力も含まれています。

　この特性の重要な点は、「知的遅れがない」ことです。つまり、理解力もあり、学習もある程度できるのに、読み、書き、算数のいずれか、または複数が突出してできないという状況です。そのため、周囲の理解を得られにくく、自己肯定感の低下から二次障害（不安症など）が生じる可能性も考慮する必要があるでしょう。

　この特性の見られる子どもは、年齢が上がるにつれて、悩みが深刻になる場合があります。具体的には、ほかの人が普通にできること（たとえば、漢字を書くこと）が自分だけできない、のように捉え、不安から自分の存在やその後の人生を悲観的に考えてしまう傾向です。そのため、大人の何気ない一言がこのような子どもの"できない"という思いを強めてしまうこともあるかもしれません。

 よく見られる対応

・担任の先生
　「（慰めるつもりで）たくさん書いたら覚えられるよ」「やればできるんだから、もう少しがんばってごらん」とやる気を引き出すような声かけをしています。
・子どもの反応
　いくら書いても覚えられないから、そんなこと言われても困る……。もっと練習しなさいより、どうやったら覚えられるか教えてほしい……。

支援のヒントに向けた3つの視点

1）個別の関わり

　表面上見えにくい特性のため、教師の気づきは重要な支援のきっかけになります。そのような気づきや疑いが生じた場合、子どもの書き写し（板書や教科書、ドリルなど）の状況やそのときの視線の動き（一文を写すのに漢字を何度くらい見て書いているのかなど）を机間巡視のときに、いろいろな場面で確認していくことも大切です。また、子どもと直接話をして、何に困っているのか、漢字を写すことで何が難しいかなどを聞いていく中で、理解できることも増えていきます（**アセスメント**）。

第 3 章　高学年

　子どもとの関わりにおいて、子どもの苦手な領域にもよりますが、机間巡視のときにどのような支援があるとよいのかも考えながら、その子に適した支援を試しながら少しずつ行っていく、子どもにどのような声かけをしてほしいか尋ねるなども検討するとよいと思います。

2）スキル

　いかに書けるようになるかということは重要ですが、それがかなり難しいからこその特性であるともいえます。上記の関わりと平行しながら、可能な環境であればツールの使用も検討していけるとよいでしょう。

　・タブレットを学校で所有している場合、たとえば、授業で長く書く文章作成時などに本人の意向を聞きながら柔軟に使用していく。

　・卒業文集などは、書き直しも必要である上、長文になる場合も多く、学級全体でタブレット使用の練習として取り組む。

　板書を写すことにも時間がかかるので、板書を写真で撮った画像を使用することも有用です。

　・タブレットで板書を撮る

　・それを子どもの机上に置く

　・自分のペースで書く

　学校の休憩時間は長休憩や昼休憩以外は 5 分くらいで、お手洗いや水分補給、次の授業準備などをする時間になります。その間に、係が終わった授業内容の板書を消します。そのときまでに書けていない子どもは、書き終わるまで消すのを待ってもらうよう頼まなくてはならないため、それに対する子どもの心理的負担を軽減することにもなります。

3）学級での関わり

　なぜ、サトミさんだけタブレットを使ったり、印刷した文章を提出するんだろうという周囲の子どもの疑問を、お互いを認め合いながら共に過ごすために必要な理解につなげることも大切です。インクルーシブ教育を意識しながら、同時に価値や存在の多様性について考えたとき、違いは差別するものではなく、区別とともに尊重されるものであり、"誰もがその人らしく"いられるようお互いに少しずつ認め合えるとより温かい学級になると思います。

109

33 家ではいい子なのに学校では暴力的なヒナタさん

休憩時間にヒナタさんが教室を出ようとしたとき、その前を走っていた子どもが教室の出口の開き戸を勢いよく閉めて出ていきました。怒ったヒナタさんは、その子どもの上に馬乗りになり顔や胸をパンチしているところを担任の先生が見つけ、その場でヒナタさんを引き離し、指導しましたが、ヒナタさんは顔を背けたままでした。放課後、今後の指導について同じ学年の先生で話し合うことになりました。

それぞれの立場

・学級の子どもたち
　ヒナタさんは普段は一緒にいる友だちと2人で遊んでるから、あまりよくわからない。だけど、急にキレるときがあってその原因がわからないから関わらないようにしてる。

・保護者
　家では3歳年上の姉に強く八つ当たりされています。姉は身体が大きく、ヒナタは泣いていることもしょっちゅうです。私は仕事が遅いのでその場におらず、帰ってから姉に注意するのですが、そうすると余計に弟に当たるので、本当に困っています。家では私のことを気遣ってくれてとても優しいです。

・担任の先生
　最近特に度が過ぎていると思います。同級生が怪我をすることもあり、そうすると当然厳しく指導しますが、その後荒れています。大人の言うことに対する反発が激しく、対応に困っており、学年で話し合った後、全体で共有していく予定です。

子どもの立場

・頭の中（思考理解）
　ぼくが教室から出ようとしたのをわかってるのに、出させないように目の前で思いっきり戸を閉められたから、許せなかった。

・気持ち（心情理解）
　最初に嫌がらせをしてきた相手が悪いのに、どうして自分ばかり怒られるのかと思うと腹が立ってくる。

第 3 章　高学年

 考えられる特性（特性理解）

　衝動性と**情動のコントロール**の苦手さがみられます。この時点で、大人への激しい反発、相手への過度な暴力に発展しており、**反抗挑戦症**の特性が疑われます。このタイプの子どもは、怒りっぽく、挑発的な行動や執念深さなどが特徴として挙げられます。そして、自分の行動の省察（振り返り）が苦手で、周囲の理不尽な状況に対する正当な反応と捉える傾向があります。

　ヒナタさんの場合、このような行動が幼少期からではなく、最近顕著になってきているので、家庭での大きなストレスを抱えた状態が続いていることも十分考慮する必要があるでしょう。具体的には、姉からの八つ当たりを受けているにもかかわらず、母親から愛情を受けるために、家では過度に"いい子"として振る舞っている可能性も考えられます。これらが継続して思春期になり、学校という場が、理不尽さやストレスを吐き出す場になっているのかもしれません。

 よく見られる対応

・担任の先生

　カッとなったときの衝動性を抑えられず相手に暴力を振るうため、相手の行動が気に入らなくても暴力は絶対にいけないこと、それでもしてしまった後は厳しく指導して言い聞かせていますが、すぐに改善が見られず困っています。

・子どもの反応

　相手が最初に嫌なことをしてきたのに、それは注意されなくて、仕返しした自分だけこんなに怒られるなんておかしい。この先生は信用できない。

──────── **支援のヒントに向けた 3 つの視点** ────────

1）個別の関わり

　家庭での様子を話すことはないかもしれませんが、家庭背景に複雑な状況がある場合を考慮し、学校が安心できる場になることを目指します。家庭でのストレスを学校で発散してしまうことがありますが、そのような子どもでも、教師に"認められたい"という思いをもっている様子が多く見られます。ただ、現状はその反対になっており、日々の指導や注意という形で注目を得るような悪循環が続いていると考えられます。

　この場合、これまでの注意、指導以外の方向性で、普段から少しずつ安心感を感じ、ストレスを溜め込み過ぎないような関わりを継続していくことも大切です。問題行動が起きた後に指導しても改善がみられない場合、日常場面で内面にストレスを抱えすぎないように子どもとの時間をどこかでもつこ

とも検討します。

　最初は、これまでの経験から大人の話を「説教」と捉え、反発的かもしれません。ですが、少しずつ、「最近好きなゲームは？」「なにが面白いか教えて」「この前、友だちに"ここ危ないよ"って教えてあげてたね」など子どもの閉ざされた心のドアを少しずつノックするような声かけをしてみます。

　ほんの少し心のドアが開いてきたかなと感じ始めたら、聞き出すのではなく、つぶやくような感じで、「何か心に溜まっていることがあるのかな」と伝えることもできるでしょう。人は、自分のモヤモヤした気持ちを言葉にすることで、気持ちが落ち着くことも多くあります。先生が自分の気持ちをわかってくれたと感じると、学校の居場所感が変わってきます。

2) スキル

　「認知行動療法」を使ってみます。これは、物事の自分固有の捉え方を、別の角度から見てみる方法の1つです。

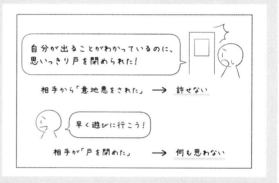

- 実際の場面（ここでは、ヒナタさんの目の前で開き戸がピシャっと閉められた場面）を簡単な絵にする
- 本人の認知（捉え方）を丁寧に聴いて吹き出しとして書く（自分が出ることがわかっているのに、思いっきり戸を閉められた！）➡相手から「意地悪をされた」➡許せない
- 相手の子どもの思いを推測して吹き出しに書く（早く遊びに行こう！）➡相手がしたこと：「戸を閉めた」➡何も思わない

　その後、「一緒に考えてみて、どう思った？」と聞いてみます。「あっ」という表情をしたら、「友だちは悪気がなかったんだから、暴力を振るったらだめなんだよ」と言いたくなりますが、子どもが自分の思いや気づきを言葉にするのを待ちます。

　子どもの行動の捉え方を検討するため、根気が必要な関わりですが、関係を形成しながら試してみる価値があると思います。

3) 学級での関わり

　周囲の子どもに、最近の様子や嫌なこと／困ったことがないかそっと聞いてみます。対人関係はすぐに解決できないことの方が多く、そのようなとき、「先生がわかってくれる」という思いが子どもたちを支えると感じています。

コラム3

二次障害

　発達障害において、早期発見、早期対応は重要です。適切な療育を早期に行った場合、より効果的であるという研究も示されています。ただし、すべての人が療育を受けられるわけではないため、「二次障害」への対応も念頭に置く必要があります。

● 二次障害とは
　この言葉はよく聞かれますが、その内容を2つに分けて考えることができます。

- 二次的問題　対人関係のうまくいかなさ、度重なる注意や叱責などの蓄積による不適応
- 二次的疾患　上記状態の蓄積により疾患レベルに至った状態

● 二次障害は予防できる
　一次障害としての発達特性は、脳機能の偏りとして遺伝と環境との相互作用により発現しますが、二次障害は予防することができます。二次障害の原因として挙げられるのが、周囲からの無理解による度重なる叱責です。発達障害は、見た目ではわからず、さらに知的遅れを伴わないことも多いので、場合によっては理解されにくくなります。

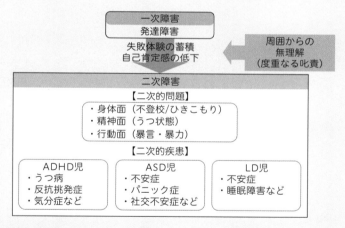

● 二次障害に至らないために
　診断があれば周囲から理解されますが、近年**グレーゾーン**と言われる、診断はないもののある程度の特性傾向が見られる子どもが増えています。グレーゾーンの子どもの予後（その後の状態）はよいとは言えません。周囲から理解されない状態のまま注意や叱責を受けながら過ごすからです。
　発達特性があると困難な状況が起こりやすくなるうえ、二次障害も生じるとその困難さはさらに大きくなります。周囲の理解に基づく関わりは、その意味でも重要です。

コラム 4

ASD 児の常同行動とこだわり

ASD の特性として以下 2 つが診断基準に挙げられています。
1) 持続する相互的な社会的コミュニケーションや対人的相互作用反応の障害
2) 限定された反復的な行動、興味、または活動の様式

ここでは、2) について理解を深めます。

● 常同行動とこだわりの様式
代表的な行動として以下があります。
- 単純な常同行動：手をたたく、指を弾く
- 反復的な物の使用：コインを回す、おもちゃを整然と 1 列に並べる
- 変化への抵抗：同じ道を通る、規則遵守への固執、思考の柔軟性のなさ
- 儀式的様式：質問を繰り返す　など

● 常同行動とこだわりの意味
なぜ、このような行動を続けるのでしょうか。ぐるぐる回り続けたり、いつもと違う道を通っただけで癇癪を起こすなど、周囲からすると不思議に思うかもしれません。しかし、同じことを繰り返すことは、先の見えない状態ではなく明確に見通しが立っている状態とも言えます。そのため、常同行動やこだわりにおける ASD 児にとっての意味として、不安を鎮めるために同じ行動を繰り返すといった考えがあります。常同行動やこだわりを単なる"固執"と捉えるだけでなく、小さな"安心感"を維持するための行動様式という理解も大切だと感じます。

● 常同行動とこだわりの背景
集団生活は、予測できないことの連続です。活動はある程度決まっていても、複数の子どもの様々な言動が同時に現れ、流動的な流れや相互作用とともに多く状況が生じます。そのため、先の見通しが立ちにくく他者の意図や状況の把握に困難さがある ASD 児は、集団活動が苦手なことが多くあります。感覚過敏がある場合は騒がしさにも過度な不快感が生じるため、多様な困難感が生じていると考えられます。さらに、二次障害として不安症も指摘されていることから、根底に不安を抱えている可能性も高いでしょう。

ASD 児の行動を考えるとき、その特性の背景には不安が存在することを、周囲の大人は十分理解する必要があると思います。

おわりに

　子どもは、背景に何らかの特性がある場合は特に、言葉にならない思いがたくさんあって、それらが積み重なって、現在の気になる状態があるのだと考えます。特性の見られる子どもたちは、要領よく"正解"に辿り着くことができません。回り道や寄り道、ときには大きな道を外れながら細く遠い道のりをゆっくりと歩んでいるように見えることもあります。ですが、そのような子どもたちも"頑張りたい"という気持ちを心の底にもっていると感じています。

　本書を手に取ってくださった先生は、きっとこのような子どもの思いにどこかで気づき、厳しい指導によってではなくなんとか今の状態を少しでも変えたいと考えておられるように思います。その点において、本書は子どもと温かい関係を築きながら、"結果的に"子どもが変わっていくヒントを示しています。また、本文の事例や支援のヒントはこれまで著者が実際に関わり、先生方にご協力いただき、効果が見られた内容を集めています。先生方の考えるヒントになれば幸いです。

　本書の目的は、子どもと関係を形成しながら通常学級で行う具体的な支援方法の紹介とともに、もう1つあります。それは、子どもとの関係性を築く過程で、先生方にほんの少し立ち止まってホッと小さな深呼吸をしていただくことです。具体的には、子どものことを一生懸命考えておられるからこそ、悩み、また本書を手に取ってくださったと考え、そのような先生ご自身のことも大切にしていただきたいという思いをお伝えすることも含めました。

　先生がいなければ学校は単なる建物であり、先生がいて教育をするからこそ、子どもたちは学校で学ぶことができるのです。必要な存在であり、子どものことを思っておられる先生方に、子どもを理解しながらご自身のことも認めていただけることを願っています。本書がその小さなきっかけになれば、著者にとってこれ以上の喜びはありません。

先生方に敬意を込めて

2025 年 2 月　角南なおみ

著者紹介

角南なおみ（すなみ・なおみ）

2019年：東京大学大学院教育学研究科学校教育高度化専攻博士課程修了
　　　　博士（教育学）

現在：帝京大学文学部心理学科准教授

専攻：教育心理学・臨床発達心理学

資格：公認心理師、臨床心理士、臨床発達心理士

主著：『学級経営の心理学』（分担教筆、ナカニシヤ出版，2024年）、『子どもとのより良いかかわりを育むための一人で学べる体験型ワークショップ』（今井出版、2023年）、『発達障害における教師の専門性』（学文社、2022年）、『発達障害傾向のある子どもの居場所感と自己肯定感を育む関わり』（今井出版、2022年）、『自己理解の心理学』（分担執筆、北樹出版、2022年）、『これからの教師研究—20の事例にみる教師研究方法論』（分担教筆、東京図書、2021年）、『やさしく学ぶ教職課程 教育相談』（編著、学文社、2020年）他

イラスト：さのまるこ
レイアウト：石田美聡（丸井工文社）
装丁：有泉武己

先生ができる
気になる子どもとの関わり方
33のケースから考える支援のヒント

2025年3月20日　初版第1刷発行

著　　者　角南なおみ
発 行 者　杉本哲也
発 行 所　株式会社学苑社
東京都千代田区富士見2-10-2
電話　03（3263）3817
Fax　03（3263）2410
振替　00100-7-177379
印刷・製本　株式会社丸井工文社

検印省略

乱丁落丁はお取り替えいたします。
定価はカバーに表示してあります。

ISBN978-4-7614-0861-9　C3037　　ⓒ2025 Printed in Japan